W0191653

Sigrid Früh
Verzaubertes Oberschwaben

L.R.   A.G.

Sigrid Früh

Verzaubertes Oberschwaben

Märchen und Sagen

Silberburg-Verlag

1 2 3 4 5   06 05 04 03 02

© 2002 by Silberburg-Verlag Titus Häussermann GmbH,
Schönbuchstraße 48, D-72074 Tübingen.
Alle Rechte vorbehalten.
Umschlaggestaltung: Frank Butzer, Tübingen,
unter Verwendung eines Fotos der Waldburg von Rupert Leser.
Druck: Gulde-Druck, Tübingen.
Printed in Germany.

ISBN 3-87407-536-2

Besuchen Sie uns im Internet
und entdecken Sie die Vielfalt unseres Verlagsprogramms:
www.silberburg.de

Inhalt

Märchenhaftes

Herrscher, Bürger, Ritter und Räuber

Seltsame und unheimliche Geschehen

7

Von Schlaubergern, Schlawinern und anderen Schelmen

Vorwort

Kommt man nach Oberschwaben, dann spürt man gleich die Heiterkeit und Lieblichkeit der Landschaft. Unübersehbar ragt im freundlichen Hügelland der »heilige Berg Oberschwabens« empor. Die Burg, die der Bussen trug, war einst die Heimat der heiligen Hildegard, der zweiten Gemahlin Karls des Großen. Angeblich war der Kaiser hier oft zu Gast – so hieß es zumindest früher; heutige Quellen sprechen dagegen.

Oberschwaben erstreckt sich zwischen Donau und Bodensee, zwischen Iller und der einstigen Grenze zu Baden. – Wie eine Perle sich um das Sandkorn schließt, so entstehen Geschichten dort am besten, wo es eine Grundlage für außergewöhnliche Geschehnisse gibt. Die abwechslungsreiche Landschaft Oberschwabens mit ihren Mooren und Rieden, den vielen Seen und den merkwürdig geformten Drumlins einerseits und der ebenso eigensinnige wie sensible Menschenschlag andererseits bilden einen idealen Nährboden für Märchen, Sagen und Legenden.

Hinzu kommt: Die politische Landkarte war hier bis Anfang des 19. Jahrhunderts so zersplittert wie nirgends sonst im deutschen Südwesten. Zwölf geographisch nicht zusammenhängende Ländereien gehörten zu Vorderösterreich. In anderen Gebieten regierten die Fürsten von Fürstenberg, in wieder anderen die Hohenzollern. Teile von Oberschwaben gehörten zum Herrschaftsgebiet der Fürsten von Waldburg, der Grafen von Traun und Abensberg, der Fürsten von Thurn und Taxis, der Grafen von Königsegg, ja sogar der Fugger – von den zahlreichen Besitzungen des niederen Adels ganz abgesehen. Selbst wer Oberschwaben nicht kennt, kann sich denken, dass es hier Burgen und Schlösser in großer Zahl gab und gibt – um sie ranken sich viele der in diesem Buch enthaltenen Geschichten.

Achberg mit seinem beeindruckenden Schloss unterstand der Herrschaft des Deutschen Ordens. Klöster wie Marchtal, Gutenzell, Buchau, Ochsenhausen, Schussenried, Rot an der Rot, Salem, Weingarten und Weißenau hatten ihre eigenen Territorien. Neuravensburg unterstand dem Kloster Sankt Gallen. Damit nicht genug, gab es in Oberschwaben bis zur napoleonischen Neuordnung acht Reichsstädte, etwa Buchau am Federsee oder Buchhorn, das heutige Friedrichshafen. In jedem Gebiet gibt es natürlich eigene Überlieferungen. Jede Grenze bot Anlass zu Auseinandersetzungen. Schmuggler, Räuber und »Jauner« trieben ihr Unwesen – auch von ihnen wird in diesem Buch erzählt. Die Konkurrenz zwischen den einzelnen Herrschaftsgebieten brachte kulturelle Höchstleistungen hervor – und bescherte manchem armen Menschenkind ein schlimmes Schicksal, wie man in vielen der hier gesammelten Geschichten lesen kann.

Ein Zentrum mit weiter Ausstrahlung war die Reichsstadt Ulm. Während ihrer wirtschaftlichen Blütezeit hatte sie eigene, von überall her besuchte Messen und war auch dafür bekannt, dass sie die Handelsstraßen, die aus allen Richtungen nach der Donaustadt führten, gegen Raubritter und sonstige Wegelagerer besonders gut zu sichern wusste. Die Bedeutung Ulms zeigt sich auch in dem Spruch, der im ganzen Reich geläufig war:

> Augsburger Pracht,
> Venediger Macht,
> Nürnberger Witz,
> Straßburger G'schütz
> und Ulmer Geld
> regieren die Welt.

Eine der großen europäischen Handelsstraßen führte quer durch Oberschwaben: Sie begann in Italien, leitete über die Alpen, querte bei Ulm die Donau und ging bis hinauf nach Flandern. So kann man verstehen, dass die Kaufleute der »Großen Ravensburger Handelsgesellschaft«, die ihre Blütezeit im 15. und 16. Jahrhundert hatte, ihre Handels- und Geldgeschäfte über ganz Europa ausdehnen und eigene Häuser in Mailand, in Mittel- und Unteritalien sowie in den Niederlanden unterhalten konnten.

Ravensburg ist eine Gründung der Welfen, die auf einem Hügel oberhalb der Stadt ihre Stammburg hatten. Die Veitsburg ging später in den Besitz der Staufer über. Ravensburg konnte sein mittelalterliches bauliches Erbe bis heute bewahren, auch wenn die Türme und Tore schon lange keinen Nutzwert mehr haben. Im nahen Altdorf, das man 1865 in Weingarten umbenannte, wurde anno 1129 der berühmteste Welfe geboren, Heinrich der Löwe.

Auch die drei Reichsstädte im württembergischen Allgäu – Leutkirch, Wangen und Isny – kamen durch den Fernhandel zu Wohlstand und Ansehen.

Biberach, das schon von den Staufern mit der Reichsfreiheit beschenkt worden war, hat sich im Mittelalter durch seine Leinwandweberei und später besonders durch seine Goldschmiede, die an den Klöstern, Patriziern und am Adel Oberschwabens eine großzügige Kundschaft hatten, einen sicheren Wohlstand geschaffen. In Biberach zeigen sich auch solche Charaktereigenschaften Oberschwabens wie Heiterkeit und Toleranz: Im Westfälischen Frieden einigten sich die verfeindeten Lager auf eine völlige konfessionelle Parität, Biberach war einer jener Orte, in denen dies auch in die Praxis umgesetzt wurde. Alle Ämter und alle Gewerbe, vom Bürgermeister bis zum Scharfrichter, mussten stets zweifach vorhanden sein. Nur der Totengräber war

stets protestantisch, der Stadtuhrmacher aber immer katholisch. Die Biberacher Stadtpfarrkirche wird heute wie vor 450 Jahren von beiden Konfessionen genutzt. Dieses so genannte Simultaneum führt so skurrilen Erscheinungen wie evangelischen und katholischen Stromzählern oder evangelischen und katholischen Putzeimern.

Die Kulturlandschaft Oberschwabens zeichnet sich auch durch zahlreiche bedeutende Klöster aus, so das alte, einst fürstliche Prämonstratenser-Reichsstift Obermarchtal, in dem sich Marie Antoinette auf ihrer Brautfahrt nach Frankreich mit ihrem Gefolge einige Tage aufgehalten hat. Bei diesem Besuch wurde der späteren Königin von Frankreich die Kantate »Beste

Gesinnung schwäbischer Herzen« in oberschwäbischem Dialekt vorgesungen. Der Verfasser des Liedes war Sebastian Sailer, der berühmte Obermarchtaler Kanzelredner und große Ahnherr der schwäbischen Mundartpoesie.

Eines der bedeutendsten Klöster Oberschwabens war das einstige Reichsstift Ochsenhausen. Der sprichwörtliche Reichtum dieses Benediktinerklosters hat allerdings im Bauernkrieg, im Dreißigjährigen Krieg und auch im Spanischen Erbfolgekrieg immer wieder Plünderer und Marodeure angezogen. Als Entschädigung für die linksrheinischen Gebiete, die an Frankreich fielen, kam 1803, nach der Säkularisierung, beinahe der ganze Ochsenhauser Besitz an die Grafen von Metternich-Winneburg, die nun Reichsfürsten wurden. Klemens von Metternich, der österreichische Staatskanzler, verkaufte 1825 den Großteil um eineinhalb Millionen Gulden an Württemberg.

Die Heiterkeit der Landschaft, der Reichtum der Städte und die Bildung, die von den Klöstern ausging, haben die Menschen und die Geschichte Oberschwabens geprägt. Vieles davon kommt in den Märchen, Sagen und Geschichten dieser Sammlung zum Ausdruck.

Ich möchte allen danken, die mir bei der Arbeit an diesem Buch behilflich waren, Frau Margaret Puschmann, Herrn Wilhelm Heid, Herrn Anton Schuller, Herrn Günther Mann und vielen anderen.

Sigrid Früh

Märchenhaftes

Der Schäfer und die drei Riesen

Es war einmal ein Edelmann, der besaß viel Geld und Gut und er wurde immer reicher; das kam daher, weil er seine einzige Tochter dem Teufel versprochen hatte. Dieser Edelmann hielt auch eine große Herde Schafe und hatte dazu einen eigenen Hirten, der sie hüten musste. Doch war ihm dabei das Glück nicht hold. In der Nähe des Schlosses waren nämlich drei Täler. Wenn nun ein Hirte in eins derselben die Herde trieb, wurden die Schafe jedes Mal von einem Riesen zerrissen und auch der Hirte wurde umgebracht. So oft nun der Edelmann einen neuen Schäfer annahm, sagte er ihm jedes Mal: »Du darfst überall hüten, wo immer du willst, nur nicht in den drei Tälern, denn da wird es dir schlecht ergehen!« Allein die Schäfer konnten es nicht lassen und wollten es doch einmal probieren und trieben in eins der drei Täler und kamen niemals wieder lebendig heraus.

So hatte der Edelmann eines Tages wieder seine gesamte Schafherde mitsamt dem Schäfer verloren. Doch kaufte er sich sogleich eine andere Herde und suchte nun einen Hirten für dieselbe. Da meldete sich ein junger, hübscher Bursche bei ihm und da ihm derselbe gefiel, vertraute er ihm die Herde an, sagte ihm aber auch, wie es seinen Vorgängern ergangen sei, und warnte ihn, dass er, so ihm sein Leben lieb wäre, die drei Täler meiden möchte. Der Bursche sagte, er würde bestimmt diese Täler meiden, und hütete eine Weile anderswo seine Schafe, so dass ihm kein Leid geschah. Doch musste er im Stillen immer an die drei Täler denken und meinte: »Ich möchte doch sehen, wer mir da etwas tun könnte, das wollt ich niemand raten, es würde ihm übel bekommen.« Und so zog er eines Morgens ganz wohlgemut in das erste Tal, fand vortreffliches Gras darin und hütete dort bis Mittag, ohne dass ihm etwas zugestoßen wäre. Dann trieb er seine Herde aufs Feld, wo er sein Nachtlager hatte, aß sein Mittagsbrot und führte nachher seine Schafe abermals in das verbotene Tal und blieb darin bis gegen Abend.

Da kam mit einem Male ein gewaltiger Riese auf den Schäfer zu und schrie: »Was machst du da mit deinen Grasmücken?« »Das geht dich nichts an!«, sagte der Schäfer. »Das will ich dir schon zeigen«, schrie der Riese, wollte sein Schwert ziehen und dem Hirten zu Leibe gehen. Allein, ehe er das Schwert aus der Scheide brachte, wobei er sich ein wenig bücken musste, hob der Schäfer seine Schippe in die Höhe und schlug damit dem Riesen auf das Haupt, so dass dieser betäubt umfiel. Dann gab er ihm noch ein paar Hiebe auf den Kopf, dass er vollends tot war. Darauf nahm er das Schwert und die Kleider des Riesen und warf den Leichnam ins Gebüsch.

Wie sich nun aber der Schäfer nach seiner Herde umsah, erblickte er plötzlich ganz nahe ein schönes Schloss. Er ging in dasselbe und kam in ein prächtiges Zimmer, darin stand ein gedeckter Tisch, auf dem Tisch stand eine Flasche Wein, neben der ein Zettel lag mit den Worten:

> Wer diese Flasche trinkt
> und dieses Schwert regiert,
> der zwingt den Teufel.

Dies las der Schäfer, dachte aber nichts weiter dabei, ließ den Wein stehen, legte auch das Riesenschwert sowie die Kleider des

Riesen in das Zimmer und besah sich das Schloss. Da fand er unten im Stalle einen prächtigen Schimmel. Er ließ aber alles in dem Schlosse und zog mit seinen Schafen heim.

Weil es ihm nun das erste Mal so geglückt war, so konnte er's nicht lassen und zog am folgenden Morgen in das zweite Tal. Er nahm aber, um sich besser wehren zu können, einen langen Spieß mit. Als er nun ein paar Stunden hier gehütet hatte, kam wieder ein Riese, der war noch größer als der erste und schrie: »Was machst du da mit deinen Grasmücken?« »Was geht's dich an?«, sprach der Schäfer. »Das will ich dir gleich zeigen!«, schrie der Riese und zog sein Schwert. Allein der Schäfer rannte mit seinem Spieß auf den Riesen los, traf aber eine Rippe, so dass die Spitze nicht sehr tief eindrang und der Riese schon sein Schwert schwang, um dem Schäfer den Kopf abzuschlagen. Der aber zog schnell seinen Spieß heraus und sprang zurück. Worauf der Riese den Hieb in die Luft tat und zu Boden fiel. Sogleich sprang der Schäfer wieder hinzu und tötete den Riesen mit seinem Spieß. Dann zog er ihm die Kleider aus, warf den Leichnam ins Gebüsch und wollte eben mit dem Schwert fortgehen, als er wieder ein schönes Schloss vor sich sah. Er ging hinein, fand ein Zimmer darin mit einem gedeckten Tisch, darauf stand eine Flasche Wein und daneben lag ein Zettel mit den Worten:

Wer diese Flasche trinkt
und dieses Schwert regiert,
der zwingt den Teufel.

Kurz, alles war hier gerade so wie in dem ersten Schlosse. Der Schäfer legte wieder die Kleider und das Schwert des Riesen in das Zimmer und ließ den Wein stehen. Als er aber das Schloss besah, fand er ebenfalls ein Pferd unten im Stalle, dieses war aber ein Fuchs. Dann ging er mit seiner Herde heim.

19

Als der Schäfer am andern Morgen seine Herde austrieb, dachte er: »Ei, ich möchte doch wissen, wie es in dem dritten Tal aussieht?«, und zog sogleich mit seinen Schafen dorthin. Wie er aber in das Tal trat, kam ihm ein ungeheurer Riese entgegen, der hatte eine Haut wie Eichenrinde, und langes Moos wuchs in seinem Gesicht, dass es dem Schäfer schier Angst wurde, denn er hatte keine andere Waffe bei sich als seine Schippe. Allein, er besann sich nicht lange. Als der Riese brüllte: »Was machst du da mit deinen Grasmücken?«, sprach der Schäfer: »Das sollst du schon sehen!«, und nahm rasch einen Stein auf die kleine Schaufel der Schippe und schoss damit auf den Riesen. Dieser Stein traf gerade die Stirn des Riesen, dass er umstürzte und mausetot war. Dann zog er dem Riesen die Kleider aus, warf den Leichnam ins Gebüsch und wollte mit dem Schwert fortgehen. Sogleich stand wieder ein prächtiges Schloss da. Er ging hinein, fand darin ein Zimmer mit einem gedeckten Tisch, auf dem Tisch stand eine Flasche Wein und daneben lag ein Zettel mit den Worten:

Wer diese Flasche trinkt
und dieses Schwert regiert,
der zwingt den Teufel.

Alles war hier gerade so wie in den beiden ersten Schlössern. Der Schäfer legte wieder die Kleider und das Schwert des Riesen in das Zimmer und ließ den Wein stehen. Unten im Stall fand er abermals ein Pferd, einen Rappen.

Darauf zog der Schäfer mit seiner Herde vergnügt nach Hause. Als ihn der Edelmann nach einiger Zeit fragte: »Bist du in den drei Tälern gewesen?«, antwortete er: »Jawohl, ich bin drin gewesen!« Da wurde der Edelmann bitterböse und wollte den Burschen fortjagen. Weil der Schäfer aber so sehr bat, dass der Edelmann ihn doch behalten möge, so sprach dieser endlich:

»Nun so magst du bleiben und dem Gärtner helfen, Mist und Wasser zu tragen, aber die Schafe kann ich dir nicht länger lassen.« Das war dem Burschen ganz recht, und so half er dem Gärtner bei seiner Arbeit.

Nun geschah es, dass die Zeit nahe war, wo der Edelmann seine Tochter dem Teufel übergeben sollte, wie dieser es sich ausbedungen hatte. Darüber verbreitete sich große Trauer im Schloss und der Edelmann klagte dem Gärtner seine Not. Der aber wusste auch keinen Rat, aber er erzählte seinem Gehilfen die Geschichte und sagte: »Morgen muss unser Herr seine Tochter dem Teufel übergeben und auf den Berg bringen. Wer da helfen könnte, der hätte sein Glück gemacht.« Der Bursche ließ sich daraufhin die ganze Geschichte genau erzählen. Da fiel es ihm wieder ein, was er in den drei Schlössern gelesen hatte. Er nahm sich vor, die Jungfrau zu erlösen, denn er hatte Mitleid mit ihr, weil sie so gut und wunderschön war.

Am nächsten Morgen begab er sich in das erste Tal, ging in das Schloss, trank die Flasche Wein, zog die Kleider des Riesen an, obwohl sie ihm viel zu groß waren, nahm das Schwert, setzte sich auf den Schimmel und jagte davon, dem Berge zu, wo der Teufel die Jungfrau holen wollte. Wie er dort hinkam, war es gerade zwölf Uhr. Der Edelmann stand mit seiner Tochter schon da und meinte, es sei der Teufel, als er den Reiter erblickte. Der Teufel aber kam alsbald in Gestalt eine Schlange und fuhr auf den Reiter los. Der zog sein Schwert, kämpfte drei viertel Stunden lang mit der Schlange und besiegte sie endlich. Dann ritt er – ohne ein Wort zu sagen – wieder nach dem Schlosse, führte den Schimmel in seinen Stall, legte das Schwert und die Kleider des Riesen in das Zimmer und begab sich nach Hause an seine Arbeit.

Nun meinte der Edelmann, seine Tochter sei erlöst, und ging vergnügt mit ihr heim. Allein alsbald erschien der Teufel und sagte: »Morgen Mittag um zwölf Uhr musst du mit deiner Tochter wieder auf den Berg kommen.« Da jammerte alles aufs Neue in dem Schlosse, und durch den Gärtner erfuhr es auch der Gehilfe, dass der Teufel noch nicht zufrieden sein, obwohl er heute schon von einem fremden Ritter überwunden worden wäre.

Da begab sich der Gärtnerbursche am anderen Morgen in das zweite Schloss, trank die Flasche Wein, zog die Kleider des Riesen an, hing sich das Schwert um, setzte sich auf den Fuchs und ritt wieder nach dem Berg. Alsbald erschien auch der Teufel als feuriger Drache und kämpfte mit dem Reiter, bis dieser endlich nach drei viertel Stunden den Drachen besiegte. Dann wandte er sogleich sein Ross, hörte aber noch, wie eine Stimme aus der Erde dem Edelmann zurief: »Du musst morgen um dieselbe Zeit noch einmal mit deiner Tochter hierher kommen. Dies hörte der Bursche und dachte: »Schon recht, ich werde auch dabei sein!«, und jagte davon. Er brachte alles wieder an den Platz, wo er es genommen hatte.

Am folgenden Morgen machte er sich nun zum dritten Schloss auf, trank den Wein, zog die Kleidung des Riesen an, hing sich das Schwert um, setzte sich auf den Rappen und ritt wieder nach dem Berg. Der Edelmann aber dachte: »Zweimal ist meine Tochter jetzt erlöst worden, wer weiß, was beim dritten Mal geschehen könnte«, deshalb war er entschlossen, daheim zu bleiben. Allein es befiel ihn alsbald eine große Angst und Unruhe, so dass er nicht länger in seinem Schlosse zu bleiben wagte und nun auch zum dritten Male dem Teufel seine Tochter entgegenführte.

Diesmal aber kam der Teufel als ein feuriger Adler durch die Luft und schoss auf den Reiter so wild hernieder, dass es grausig anzusehen war. Aber nach drei viertel Stunden war auch der Adler besiegt. In dem Augenblick aber, wo der Bursche dem Adler den letzten Stoß gab, traf derselbe mit dem Flügel die Hand des Reiters, dass es eine große Wunde gab. Dies sah der Edelmann noch und dankte Gott, dass alles glücklich überstanden war. Der Reiter aber eilte sogleich fort, brachte das Pferd in seinen Stall, legte Kleider und Schwert in das Zimmer und kehrte zum Schlosse des Edelmanns zurück, als ob nichts vorgefallen wäre. Allein am andern Morgen tat ihm die Hand so weh, dass er den Verband, den er am Abend zuvor angelegt hatte, löste, um die Wunde zu untersuchen. Dabei überraschte ihn der Edelmann und fragte sogleich, woher er die Wunde habe. Der Bursche wollte das lange nicht gestehen, allein der Edelmann ließ ihm keine Ruhe, denn er vermutete ganz fest, dass der Bursche der Retter seiner Tochter sei.

Da gestand ihm der Bursche alles, wie er die drei Riesen erlegt und durch den Wein und die Riesenschwerter den Teufel bezwungen habe. Da dankte ihm der Edelmann tausendmal und sprach: »Nun sollst du auch meine Tochter zur Frau bekommen.« Der Bursche aber antwortete: »Ja, wenn sie mich nur mag!« »Oh gewiss!«, meinte der Vater, holte seine Tochter und sagte zu ihr: »Sieh, das ist dein Erretter, den sollst du zum Manne haben!« »Ja, mein Leben wollt ich für ihn lassen«, rief die Tochter aus, herzte und küsste den Burschen und ward seine liebe Gemahlin ihr Leben lang.

Die Reise zum Vogel Strauß

Ein reicher Graf hatte einen Diener, der ihn, sooft er eine Reise machte, begleiten musste. Weil der Bursche immer treu, fleißig und freundlich war, hatte er ihn sehr gern. Einmal, als sie wieder auf Reisen waren, unterlief dem Diener ein kleiner Fehler. Darüber wurde der Graf so zornig, dass er den Burschen nicht mehr sehen mochte und ihn mit einem Brief an seine Frau heimschickte. In dem Brief aber stand, die Gräfin solle den Diener sogleich einsperren und ihm alsbald den Kopf abschlagen lassen.

Nun wusste der Bursche zwar nicht, was der Graf geschrieben hatte. Er war aber sehr traurig, dass dieser so böse auf ihn geworden war und ihn fortgeschickt hatte. Auch meinte er, dass in dem Brief wohl nichts Gutes stehen würde. Wie er nun nur noch eine Tagreise vom Schloss des Grafen entfernt war, kehrte er in einem Wirtshaus ein. Den ganzen Abend saß er niedergeschlagen an seinem Tisch. Der Wirt setzte sich zu ihm und fragte ihn, woher er komme und wohin er gehe und was ihm fehle. Da erzählte ihm der Bursche seine ganze Geschichte und zog auch den Brief des Grafen hervor. Der Wirt aber war ein pfiffiger Mann und sagte: »Den Brief würde ich nicht abgeben, solange ich nicht wüsste, was darin steht.« Er beredete den Burschen, so dass dieser den Brief endlich öffnete und las. Da sah er nun,

dass ihn der Graf umbringen lassen wollte. Also sprach der Wirt zu ihm: »Hat der Graf solche Gedanken gegen dich, so wollen wir ihm einen anderen Streich spielen. Lass du mich nur machen.« Sogleich nahm der Wirt Papier, Feder und Tinte, machte die Handschrift des Grafen nach und schrieb an die Gräfin, dass sie den Diener, sobald er heimkomme, mit ihrer Tochter verheiraten solle.

Die Sache schien dem Burschen zwar gefährlich. Allein da ihm der Graf doch einmal nach dem Leben trachtete, so wollte er ihm dazu auch einen rechten Anlass geben. Und wie er so an die junge Gräfin dachte, wurde er plötzlich so vergnügt, dass er am anderen Morgen früh aufbrach, um so bald als möglich zu ihr zu kommen.

Nachdem er den Brief abgegeben, tat die Gräfin sogleich, wie ihr Mann befohlen hatte, denn sie wusste, er war ein strenger Herr und konnte keine Widerrede leiden. Sonst hätte sie seine Anweisungen gar zu gern missachtet, denn es schien ihr nicht recht, die einzige Tochter einem Diener zur Frau zu geben. Die Tochter aber war damit sehr zufrieden und so wurde sie mit dem Diener ihres Vaters verheiratet.

Als der Graf nach einiger Zeit zurückkam und erfuhr, was seine Frau angerichtet hatte, da hätte er sich vor Ärger und Zorn alle Haare ausreißen mögen und würde gewiss seine Frau fortgejagt oder gar umgebracht haben, wenn die Schrift nicht so gut nachgeahmt gewesen wäre. Er musste gestehen: »Die Worte sind so ähnlich, dass ich selbst den Brief für echt gehalten hätte.« Nun hatte er aber einen noch viel größeren Hass auf den Diener, der sein Schwiegersohn geworden, und suchte ihn auf eine andere Art zugrunde zu richten. Um der Leute willen tat er, als ob er mit der Heirat einverstanden sei, zumal seine Tochter ganz glücklich war. Zu seinem früheren Diener sagte er aber: »Ich gebe nur unter der Bedingung meine Einwilligung, dass du mir nachträglich noch eine Feder aus dem Schweif des Vogel Strauß holst.« Das wolle er recht gerne tun, erklärte dieser. »Und für mich«, fügte die Gräfin hinzu, »frage den Vogel Strauß, wo mein Trauring geblieben sei.« Auch dieses wolle er tun, willigte der Schwiegersohn ein, nahm Abschied von seiner jungen Frau und machte sich sogleich auf den Weg. Da freute sich der Graf schon im Stillen, denn er meinte, dass der Vogel Strauß den verhassten Ehemann der Tochter zerreißen und auffressen werde.

Der Schwiegersohn hatte schon ein gutes Stück Weges zurückgelegt, da kam er durch ein Dorf. Als die Leute ihn fragten, wohin er wolle, und er es ihnen sagte, da baten sie ihn: »Oh, frag doch den Vogel Strauß, warum unser Dorfbrunnen kein Wasser mehr gibt.« Ja, das wolle er tun, antwortete er bereitwillig und ging weiter. Nachdem er wieder eine weite, weite Strecke gegangen war, kam er an einen breiten Fluss, über den keine Brücke führte. Aber ein Mann stand da, der musste jeden, der daherkam, hinübertragen. So trug er auch den Burschen sogleich ans andere Ufer und fragte ihn, wohin er wolle. »Zum Vogel Strauß«, sagte dieser. »Oh, so vergiss doch nicht, ihn zu fragen, wie lange ich hier noch die Menschen hinübertragen muss und wann ich endlich erlöst werde.« Nein, das wolle er nicht vergessen, antwortete der Bursche und ging weiter.

Lange, lange musste er noch wandern. Endlich kam er an ein kleines Häuschen, in dem ein altes Mütterchen saß. Dieses fragte er, ob hier der Vogel Strauß wohne. »Ja, der wohnt hier«, sagte sie, »aber er ist ausgegangen und das ist dein Glück, denn sonst würde er dich zerreißen. Eile deshalb weiter.« Als der junge Mann ihr aber sagte, was er alles vom Vogel Strauß wissen wollte und dass er auch eine von seinen schönen Schweiffedern bringen müsse, da versprach ihm das Mütterchen, dass es ihm beistehen wolle, und versteckte ihn unter dem Bett.

Als der Vogel Strauß nach Hause kam, rief er sogleich: »Du hast Menschenfleisch hier, ich riech's, gib's her!« »Nur gemach«, beruhigte das Mütterchen, »es ist wirklich ein Mensch hier gewesen, der wollte allerlei von dir wissen, was du ihm doch nicht hättest sagen können.« »Was wollte er denn wissen?«, fragte der Strauß.

»Ach«, erzählte ihm das Mütterchen, »die Frau des Grafen lässt dich fragen, wo ihr Trauring geblieben sei und meint, das wüsstest du.« »Nun, ich weiß es auch! Die Frau müsste nur die Türschwelle aufbrechen, so würde sie ihn finden, denn der Ring ist durch einen Spalt hinuntergefallen. – Hat er sonst noch etwas wissen wollen?« »Ja, warum der Dorfbrunnen schon lange kein Wasser mehr gibt, aber das weißt du gewiss nicht.« »Freilich weiß ich es«, sagte der Strauß stolz, »die einfältigen Bauern dürften nur den Frosch wegnehmen, der die Quelle verstopft, dann würde der Brunnen wieder Wasser geben.« »Was du nicht alles weißt«, bewunderte ihn das Mütterchen. »Aber das hättest du ihm doch gewiss nicht sagen können, warum der Mann am Fluss beständig die Menschen über das Wasser tragen muss und wann ihn einmal jemand ablösen wird.« »Oh, der Narr«, sagte der Strauß, »er sollte nur den ersten Besten, den er herüberträgt, ins Wasser werfen und sagen: ›Jetzt nimm du meinen Platz ein‹, dann wäre er frei. – Hat er weiter nichts gewollt?« »Oh ja«, sagte das Mütterchen, »er wollte für den Grafen etwas von dir geschenkt haben, aber das war gar zu dumm, ich mag's nicht einmal sagen.« »Oh, sag's nur«, rief der Strauß, »ich möchte es doch wissen.« »Gibst du mir's, wenn ich es dir sage?«, fragte da das Mütterchen. »Ei, warum nicht, sag's nur schnell!« Da sprach das Mütterchen: »Er wollte eine von deinen Schweiffedern.« Da machte der Strauß zwar ein grimmiges Gesicht, weil er es aber versprochen hatte, so riss er sich eine Feder aus, gab sie dem Mütterchen und dachte nun nicht mehr an den Burschen, der die Nacht unter dem Bett zubringen musste.

Am andern Morgen, sobald der Vogel Strauß ausgegangen war, rief das Mütterchen den Burschen und fragte ihn, ob er auch alles gehört und verstanden habe, was der Strauß ihr gesagt habe? Ja, das hatte er gut gehört und sich gemerkt. Dann gab sie ihm die Feder. Er bedankte sich viele, viele Male und trat vergnügt seinen Rückweg an.

Als er nun an das Wasser kam und der Mann ihn hinübertrug, fragte dieser, was der Vogel Strauß gesagt habe. »Bring mich nur erst hinüber«, forderte der kluge Bursche. Als er am andern Ufer stand, verriet er dann: »Den Nächsten, den du tragen musst, werfe ins Wasser und sprich: ›Jetzt nimm du meinen Platz ein!‹, dann bist du erlöst.« »Das hätte ich eher wissen sollen«, brummte der Mann vor sich hin.

Der Bursche aber ging schnell weiter und kam dann auch bald in das Dorf und gab den Bauern den Rat, sie sollten nur den Frosch aus dem Brunnen nehmen. Als sie dies taten, floss das Wasser wieder so gut wie früher. Da schenkten sie dem Burschen zum Dank dreihundert Goldstücke.

Nach vielen, vielen Wochen kam er endlich wieder in das Schloss, dass der Graf sich nicht genug verwundern konnte. Zuerst sagte er der Gräfin, dass ihr Brautring unter der Türschwelle liege. Als diese aufgebrochen wurde, lag er da tatsächlich. Dem Grafen aber sagte er: »Der Vogel Strauß lässt dich freundlich grüßen und schickt dir eine goldene Feder. Wenn du selbst aber einmal zu ihm kommen möchtest, so sollst du so viele Schätze haben, als du nur mitnehmen könntest.« Da dachte der Graf, die Einladung müsste er annehmen, denn die goldene Feder war gar zu schön und er hätte gerne noch mehr davon gehabt. Er ließ sich deshalb von seinem Schwiegersohn den Weg genau beschreiben und trat sogleich die Reise zum Vogel Strauß an.

Nun kam er auch an das Wasser, über welches keine Brücke führt. Da trat ein Mann hervor und fragte, ob er ihn hinübertragen solle. Ja, er möge es doch tun, sagte der Graf, denn er wolle zum Vogel Strauß. Da nahm ihn der andere auf den Rücken, trug ihn bis in die Mitte und – plumps – warf er ihn in das Wasser und sagte: »Jetzt nimm du meinen Platz ein!« Schnell machte er, dass er fortkam. Der Graf krabbelte zwar bald wieder heraus, konnte aber nicht weiter und musste nun dableiben und die Menschen über das Wasser tragen. Wenn ihn keiner abgelöst hat, so muss er es noch heute tun. Sein Diener lebte indessen seelenvergnügt mit der jungen Gräfin und bekam bald die ganze Grafschaft. Wenn er nicht gestorben ist, so lebt er noch darin.

Der Müllerknecht
und die treuen Haustiere

Es war einmal ein Müllerknecht, der hatte seinem Herrn schon viele Jahre lang treu und fleißig gedient. Er war alt geworden in der Mühle, so dass die schwere Arbeit, die er hier zu verrichten hatte, über seine Kräfte ging. Da sprach er eines Morgens zu seinem Herrn: »Ich kann dir nicht länger dienen, ich bin zu schwach. Entlass mich deshalb und gib mir meinen Lohn.« Der Müller sagte: »Jetzt ist nicht Wanderzeit der Knechte, übrigens kannst du gehen, wenn du willst. Aber Lohn bekommst du nicht.« Da verzichtete der alte Knecht lieber auf seinen Lohn, als sich noch länger in der Mühle so abzuquälen, und verabschiedete sich von seinem Herrn.

Ehe er aber das Haus verließ, ging er noch zu den Tieren, die er bis dahin gefüttert und gepflegt hatte, um ihnen Lebewohl zu sagen. Als er nun zuerst von dem Pferde Abschied nahm, sprach es zu ihm: »Wo willst du denn hin?« »Ich muss fort«, sagte der Knecht, »ich kann es hier nicht länger aushalten.« Wie er dann weiterging, folgte das Pferd ihm nach. Darauf begab er sich zu dem Ochsen, streichelte ihn noch einmal und sprach: »Jetzt b'hüt di Gott, Alter.« »Wo willst du denn hin?«, fragte der Ochse. »Ach, ich muss fort, ich kann es hier nicht länger aushalten«, sagte der Müllerknecht und ging traurig fort, um auch noch von dem Hund Abschied zu nehmen. Der Ochse aber zog wie das Pferd hinter ihm her und ebenso machten es die übrigen Haustiere, denen er Adieu sagte, nämlich der Hund, der Hahn, die Katze und die Gans.

Als er nun draußen im Freien war und sah, dass die treuen Tiere ihm nachzogen, redete er ihnen freundlich zu, dass sie

doch wieder umkehren und daheim bleiben möchten. »Ich habe jetzt selber nichts«, sprach er, »und kann für euch nicht mehr sorgen.« Allein, die Tiere erklärten ihm, dass sie ihn nicht verlassen würden, und zogen vergnügt hinter ihm drein.

Nach etlichen Tagen kamen sie in einen großen, tiefen Wald. Das Pferd und der Ochse fanden hier gutes Gras, auch die Gans und der Hahn ließen es sich schmecken. Die Katze und der Hund aber mussten Hunger leiden wie der alte Müllerknecht, doch knurrten und murrten sie nicht darüber. Endlich, als sie ganz tief in dem Wald waren, sahen sie auf einmal ein schönes, großes Haus vor sich stehen. Dieses war aber verschlossen. Nur ein Stall stand offen und war leer. Von hier aus konnte man durch eine Scheuer in das Haus kommen. Weil nun niemand in dem Haus zu sehen war, beschloss der Knecht mit seinen Tieren dazubleiben und wies einem jeden seinen Platz an. Das Pferd stellte er vorn in den Stall, den Ochsen führte er an die andere Seite. Der Hahn bekam seinen Platz auf dem Dache, der Hund kam auf den Hof, die Katze hinter den Feuerherd und die Gans hinter den Ofen. Dann reichte er jedem sein Futter, das er in dem Haus reichlich vorfand. Er selbst aß und trank, was er mochte, und legte sich dann zum Schlafen in ein gutes Bett, das in der Kammer stand.

Als es nun Nacht war und er fest schlief, kam der Räuber, dem das Waldhaus gehörte, zurück. Wie der aber in den Hof trat, sprang sogleich der Hund wütend auf ihn los und bellte ihn an. Dann schrie der Hahn vom Dach herunter: »Kikeriki, Kikeriki!« So dass es dem Räuber angst und bange wurde, denn er hatte in seinem Leben noch keine Haustiere gesehen, er kannte bloß die wilden Tiere des Waldes. Deshalb nahm er Reißaus und sprang eilig in den Stall. Aber da schlug das Pferd nach hinten aus und traf ihn in die Seite, so dass er um und um taumelte und sich nur mit Mühe in die hintere Ecke des Stalles flüchten konnte. Kaum aber war er hier angekommen, so drehte sich auch schon der Ochse um und wollte ihn auf seine Hörner nehmen. Da erschrak er noch mehr und lief, was er konnte, durch die Scheuer hindurch in die Küche. Dort wollte er ein Licht anzünden, um zu sehen, was da los sei. Wie er nun auf dem Herd herumtastete und die Katze anrührte, fuhr diese auf ihn los und kratzte ihn dermaßen, dass er Hals über Kopf davonsprang und sich hinter dem Ofen in der Stube verkriechen wollte. Da wachte aber die Gans auf, schrie und schlug mit den Flügeln, dass es dem Räuber Höllenangst wurde und er sich in die Kammer flüchtete. Da schnarchte nun der alte Müllerknecht in dem Bett so kräftig, dass der Räuber meinte, die ganze Kammer sei mit fremden Leuten angefüllt. Da überfiel ihn ein arges Grauen und Grausen, sodass er schnell zum Haus hinauslief und in den Wald hineinrannte und nicht eher still stand, als bis er seine Raubgesellen gefunden hatte.

Da fing er an zu erzählen: »Ich weiß nicht, was mit unserem Hause vorgegangen ist, es wohnt ein ganz fremdes Volk darin. Als ich in den Hof trat, sprang ein großer wilder Mann auf mich zu und schalt und brüllte so grimmig, dass ich dachte, er würde mich umbringen. Ein anderer feuerte ihn an und schrie vom Dach herunter: ›Gib'm au für mi! Gib'm au für mi!‹ Da es mir der Erste schon arg genug machte, so wollte ich nicht warten, bis noch mehr über mich herfielen, und flüchtete mich in den Stall. Aber da hat ein Schuster mir einen Leisten an die Seite geworfen, den ich jetzt noch spüre, und als ich dann hinten in den Stall kam, stand da ein Gabelmacher und wollte mich mit seiner Gabel aufspießen. Als ich in die Küche kam, saß da ein Hechelmacher, der schlug mir seine Hechel in die Hand. Als ich dann in die Stube sprang, um mich hinter dem Ofen zu verstecken, da schlug mich ein Schaufelmacher mit seiner Schaufel. Als ich aber endlich in die Kammer lief, da schnarchten darin noch so viele andere, dass ich nur froh sein musste, dass ich lebendig wieder rauskam.«

Als die Räuber dies hörten, entsetzten sich alle so sehr, dass keiner Lust hatte, in das Haus zu gehen. Nein, sie meinten, die ganze Gegend sei durch dies fremde Volk unsicher geworden, und zogen noch in selbiger Nacht fort, weit, weit weg in ein anderes Land und sind nie wiedergekommen.

Da lebte nun der Müllerknecht mit seinen treuen Tieren in Ruhe und Frieden im Haus der Räuber. Er brauchte sich in seinen alten Tagen nicht mehr zu plagen, denn der schöne Garten neben dem Haus trug ihm jährlich mehr Obst, Gemüse und allerlei Nahrung ein, als er und seine Tiere verzehren konnten.

Der Klosterbarbier

Ein junger Mann hatte von seinen Eltern ein großes Vermögen geerbt. Weil er aber nicht haushalten konnte und nicht arbeiten mochte, so war sein Geld rasch zu Ende, und ehe er sich's versah, war er genötigt, Haus und Hof zu verkaufen, um seine Schulden bezahlen zu können. Es blieb ihm nichts, nur ein Schuldschein von dreihundert Gulden, der schon viele Jahre alt war. Der Schuldner aber wohnte weit weg. Deshalb machte sich der junge Mann eines Tages auf, um diese Forderung einzutreiben. Er war jetzt so arm, dass er das Geld zu der Reise von einem Freund entlehnen musste. Dann wanderte er fort und traf, als es schon Abend geworden und er sehr müde war, einen Mann. Bei diesem erkundigte er sich nach einer Herberge und hörte, dass es nur noch eine halbe Stunde bis zu einem Kloster sei, wo er umsonst übernachten könne. Das war ihm sehr lieb, denn viel Geld hatte er ja nicht, und er hatte auch den ganzen Tag noch nichts gegessen.

Wie er nun endlich zum Kloster kam, so recht behaglich dasaß, sich ausruhen und erquicken konnte, rief er aus: »Ach, eine freudige Stund lässt doch zehn traurige vergessen.« Er war wieder ganz vergnügt und ließ sich Essen und Trinken schmecken. Als er aber schlafen gehen wollte, sagte man ihm, dass alle Betten bereits belegt seien und dass er sich auf den Boden der Stube legen müsse. »Es ist zwar noch ein Bett leer«, sagte ein Klosterbruder, »allein wir können es niemand zumuten, sich hineinzulegen, weil ein Geist dort spukt.« Der Reisende aber sagte: »Es wird ja wohl nicht der Teufel selbst sein«, ließ sich hinführen und legte sich in das Bett. Vor Angst konnte er aber doch kein Auge zutun.

Als es nun eben Mitternacht war und zwölf schlug, hörte er einen Schlüsselbund rasseln, die Tür seiner Schlafkammer wur-

ALLANSON

de aufgeschlossen und ein Geist trat herein. Dieser trug in der einen Hand ein Becken mit Seife und Wasser, in der anderen hielt er ein Rasiermesser.

Er bedeutete dem Gaste, zu ihm zu kommen, der aber blieb still liegen. Dann winkte der ungewöhnliche Besucher zum zweiten Mal, worauf sich der junge Mann wiederum nicht rührte und regte.

Darauf fasste ihn der Geist, zog ihn mit Gewalt aus dem Bett heraus, setzte sich selbst auf einen Stuhl und gab dem andern zu verstehen, dass er ihn rasieren solle. Da machte der Reisende sogleich den Schaum zurecht, seifte das Gesicht des Geistes gehörig ein und rasierte ihm den langen Bart herunter, dass es eine Art hatte. Danach rasierte auch der Geist den Reisenden und seufzte, nachdem dieser es gelitten hatte: »Jetzt endlich bin ich erlöst! Seit dreihundert Jahren muss ich schon umgehen und noch nie hat mich einer rasieren wollen. Ich bin früher Barbier in dem Kloster gewesen und habe einen dicken Klosterbruder aus Schabernack in die Lippen geschnitten – und mich dann des Lachens nicht enthalten können. Zur Strafe hat er mich verwünscht. Und ich musste so lange umgehen, bis ein Gast einmal bereit sei, mich zu rasieren.«

Dann fragte er den Reisenden, was er sich zum Dank jetzt von ihm wünsche. Dieser meinte, er bräuchte Geld, das er zum Leben nötig habe. Nun sprach der erlöste Barbier: »So gehe nur hin und hebe die Steine auf, die vor der Klostertür liegen, da wirst du Geld genug finden.«

Wie der junge Mann nun das Kloster verließ und den ersten Stein aufhob, sprang ihm eine große Kröte entgegen – und das war niemand anders als der Teufel selbst. Beim zweiten Stein zischte ihn eine Schlange an. Er aber ließ sich nicht abschrecken, und unter dem dritten Stein dann fand er einen Schatz und hatte damit sein ganzes Leben lang immer genügend Geld.

Die drei Äpfel

In einem wunderschönen Schloss lebten einmal ein Graf und eine Gräfin.
Sie hatten einen einzigen Sohn, der ein
schöner, stattlicher junger Mann war.
Die Eltern wollten gern, dass er eine
Tochter aus gutem Hause heiraten sollte. Von früh bis spät drang die Mutter
deswegen in ihn. Viele junge adlige
Frauen, aber auch reiche Bürgerstöch-
ter wurden zu Jagdgesellschaften und
Bällen ins Schloss geladen. Der Sohn
konnte sich jedoch für keine entschei-
den. Auch war er der Meinung, er müsse selbst bestimmen, wann und wen er
heirate und wo er die Frau fände, die
er von Herzen lieben wolle.

Schließlich konnte er die Vorhaltungen seiner Eltern nicht
mehr länger ertragen, sattelte sein Ross und ritt davon. Er war
schon sehr, sehr lange unterwegs und noch immer war ihm kein
Mädchen begegnet, nach dem er sich auch nur hätte umschauen
wollen.

Endlich geriet er in einen Wald, in dem er sich verirrte. Als er
zu einer Wegkreuzung kam, stand da auf einmal eine alte Frau.
Diese wollte er nach dem richtigen Weg fragen. Dazu musste er
sich tief hinabbeugen, weil ihr Rücken sehr krumm war. Auch
musste er seine Stimme laut erheben, weil die Alte fast taub war.
Sie nickte schließlich und murmelte etwas durch den eingefalle-
nen Mund. Der Jüngling musste gut aufmerken, dass er ihre
Worte verstehen konnte.

»Geh nur weiter, immer auf diesem rechten Weg, dann wirst du zu einem großen Schloss kommen und dort die richtige Braut finden«, sagte sie, »aber wenn du hineingehst, musst du erst den Kehrbesen nehmen, der hinter der Tür steht, und das Treppenhaus fegen. Droben im ersten Stock liegt ein Löwe vor einer Tür und hält einen Schlüssel zwischen den Zähnen. Den musst du ihm entreißen und damit die Zimmertür aufsperren. Dann kommst du in einen prächtigen Raum und dort findest du wieder einen Löwen, der vor einer Tür steht. Diesem musst du ebenfalls den Schlüssel, den er im Maul hält, wegnehmen und damit die nächste Tür aufschließen. Du kommst dann in eine Küche. Dort liegen drei rotbackige Äpfel auf dem Tisch. Daneben findest du ein Messer mit einem Griff aus Ebenholz. Nimm das Messer und schneide ganz vorsichtig einen der drei Äpfel auf! Dann wird ihm eine junge Frau so schön wie die Sonne entsteigen. Mit ihr musst du gleich zu dem Brunnen eilen, der vor dem Haustor zwischen zwei Linden steht, und sie unters frische Wasser halten. Tust du dies nicht, wird sie auf der Stelle zusammenschrumpeln und sterben.«

Der junge Graf nahm sich die Worte sehr zu Herzen, ritt auf dem rechten Weg und kam immer tiefer und tiefer in den dunklen Wald hinein. Plötzlich stand er vor einem großen, weißen Schloss aus Marmor. Er trat durch das Tor und fand dahinter den Besen. Er nahm ihn und fegte die Treppe. Als er damit fertig war, kam er zu dem Löwen. Er entriss ihm den Schlüssel und sperrte die Saaltür auf. Er durchschritt den Saal und kam zum zweiten Löwen, der einen goldenen Schlüssel im Maul hielt. Er nahm ihm den Schlüssel ab und öffnete die Tür, die zur Küche führte. Dort fand er die Äpfel, die in der Sonne glänzten, und daneben auch das Messer. Er wagte kaum, die herrlichen Früchte anzuschneiden. Endlich tat er es doch und zerschnitt einen der Äpfel.

Aber kaum hatte er den Apfel behutsam zerteilt, da kam ein wunderschönes junges Mädchen zum Vorschein, das noch in der einen Hälfte des Apfels steckte. Vorsichtig löste er es heraus. Nun stand es auf seiner Hand und war so schön wie der lichte Tag und seine Augen waren blau wie der Sommerhimmel. Dem Grafen wurde es ganz seltsam zumute und er vergaß die Mahnung des Mütterchens. Er dachte nicht mehr an den Brunnen und da welkte sie alsbald zusammen und starb vor seinen Augen.

»Mit der zweiten Frau will ich es gescheiter anstellen«, dachte er, nahm den zweiten Apfel und ging damit in den Hof. Als er bei dem Brunnen zwischen den zwei Linden angekommen war, schnitt er die goldene Frucht entzwei. Er war fast geblendet von der Schönheit der Jungfrau, die dieser entstieg. Er hielt die Schöne unter den Wasserstrahl, da wurde sie immer größer und größer, bis seine Hände sie nicht mehr halten konnten. Bald war sie so groß wie der junge Graf selbst.

Da nahm er sie bei der Hand und führte sie in das Marmorschloss. Er hieß sie dort bleiben, bis er mit Ross und Wagen wiederkäme. Dann nahm er von ihr Abschied, küsste sie und ritt zu seinen Eltern. Die schöne Apfeljungfrau wohnte nun ganz alleine in dem Schloss.

Neben dem großen, schönen Marmorschloss stand aber auch ein kleines Häuschen. In diesem wohnte eine Hexe mit ihren zwei Töchtern. Diese sahen die schöne Jungfrau öfters zum Brunnen gehen. Sie gingen zu ihr und fragten sie dieses und jenes. Da die Apfeljungfrau noch sehr jung, unschuldig und unerfahren in der Welt war, erzählte sie ihnen alles.

»Komm mit uns«, sagte die ältere der beiden Hexentöchter, »die Mutter hat für uns Kuchen gebacken, der wird dir schmecken.« Die Arglose ließ sich überreden und ging mit. Sie spielten allerlei Spiele. Dabei sollte die Apfeljungfrau Königin sein und sich ein Krönchen aufs Haupt setzen lassen. Bei der Gelegenheit drückte ihr die eine der zwei Schwestern eine Zaubernadel in den Kopf. Auf der Stelle wurde die arme Apfeljungfrau in eine Taube verwandelt.

Da ging nun eine der beiden hässlichen Schwestern an ihrer statt in das Schloss hinüber und wartete auf den Bräutigam. Dieser kam auch bald angefahren, staunte aber nicht wenig, als er statt seiner wunderschönen Braut die hässliche Hexentochter vorfand. Allein diese wusste allerlei Ausreden. Er nahm also die hässliche Braut in den Wagen und fuhr sinnend mit ihr fort.

Währenddessen entkam der alten Hexenmutter die Taube und flog dem Brautpaar nach. Sie schlug mit den weißen Flügeln, dass es in der Luft schwirrte und der junge Graf Mitleid mit dem aufgeregten Vögelchen bekam. Er streckte die Hand aus, damit es sich darauf niederlassen konnte. Darüber erboste sich die falsche Braut sehr, denn sie wusste ja, wer die Taube war.

Doch der junge Graf ließ sich nicht beirren. Wie ihn nun die Taube ansah, entdeckte er eine Nadel auf dem gefiederten Kopf des Vogels. Voll Mitleid zog er sie heraus. Da stand auf einmal die wunderschöne Jungfrau vor ihm. Da freute sich der junge Graf über alle Maßen und nahm sie in die Arme. Die böse, garstige Hexentochter aber warf er aus dem Wagen.

Überglücklich fuhr das junge Brautpaar zu den Eltern des Grafen. Diese freuten sich mit ihrem Sohn und es wurde eine prächtige Hochzeit gefeiert.

Das Paar bekam schöne Kinder und Kindeskinder. Keiner aber hat in späteren Zeiten das geheimnisvolle Marmorschloss mit dem dritten goldenen Apfel je wieder gefunden.

Der Fischersohn

Es war einmal ein König, der wollte ein großes Hoffest halten. Deshalb ließ er im ganzen Lande bekannt machen, dass derjenige, der das Beste und Schönste für seine Tafel brächte, eine große Belohnung erhalten würde.

Nun war da ein armer, armer Fischer, der hätte sich gern diese Belohnung verdient. Und so ging er hinaus an den Fluss und fuhr mit seinem Kahn das Ufer auf und ab und legte die Netze aus. Aber er fing nicht einmal ein elendes Fischlein.

Enttäuscht und ganz müde stand er am Wasser und machte sich Gedanken, wie und wo er wohl den besten Zug tun werde. Da kam plötzlich ein kleines Männlein zu ihm. Es war mit einem grünen Rock bekleidet, es hinkte und ein Fuß war verbunden. »Was fehlt dir denn, dass du so traurig dreinschaust, kann ich dir nicht helfen?«, fragte ihn das grüne Männlein. Der Fischer klagte dem kleinen Mann sein Geschick, dass er so arm sei, es beim König eine Belohnung gäbe und wie er gar nichts fangen würde. Da sagte das grüne Männlein zu ihm: »Wenn du tun willst, wie ich von dir begehre, sollst du die schönsten Fische fangen, wie noch nie schönere auf des Königs Tisch gekommen sind. Du musst mir nur das als Eigentum versprechen, was in deinem Hause verborgen ist.« Und forderte seine Unterschrift. »In meinem Hause ist nichts verborgen«, dachte der Fischer und ging hocherfreut auf den Vertrag ein. Das grüne Männlein aber war niemand anders als der Teufel selber. »Jetzt wirf noch einmal deine Netze aus und du wirst sehen«, sprach der Grüne. Kaum hatte der Fischer noch einmal seine Netze ausgeworfen, zog er eine solche Menge Fische ans Ufer, dass er vor Freude nicht mehr wusste, wo er zuerst zugreifen sollte. Mit einem Mal jedoch war das grüne Männlein verschwunden und er

sah es mit keinem Auge mehr.

In dem Fang aber waren drei wunderschöne große Fische. Der eine hatte eine goldene Krone, der andere ein goldenes Szepter und der dritte ein prachtvolles goldenes Schloss auf dem Rücken. Voll Freude ging der Fischer heim und brachte die Fische dem König, der ihn reichlich dafür belohnte.

Als er aber seiner Frau die ganze Begebenheit erzählte, wurde diese totenblass vor Schreck. Sie merkte gleich, welches Unheil ihr Mann ins Haus gebracht hatte. Sie war in guter Hoffnung – und dies war das Verborgene, welches das grüne Männlein, das niemand anders als der Teufel war, verlangt hatte.

Nun galt es auf irgendeine Weise das Unglück abzuwehren. Als die Fischersfrau einen schönen Knaben geboren hatte, übergab man ihn sogleich einem frommen Vetter, einem Geistlichen, der ihn erziehen sollte. Dieser Vetter unterwies den Jungen in der biblischen Geschichte und ließ ihn nicht von seiner Seite. Als nun das grüne Männlein seinen Vertrag einlösen wollte, hatte es keine Gewalt über ihn. Von nun an hielt es sich aber allezeit in der Nähe des Knaben auf, wurde aber außer von diesem von keinem Menschen gesehen.

Als der Knabe größer wurde, sah er oft, wie das grüne Männlein ihn an der Hand nehmen und fortziehen wollte. Er wusste aber nicht, was dies zu bedeuten habe. Der Vetter dagegen, dem er die Geschichte erzählte, wusste es sehr wohl. Je älter der Junge wurde, desto näher kam das grüne Männlein. Da machten beide, der Vetter und der Knabe, eine Reise zu einem Bischof, der im Rufe großer Heiligkeit und Weisheit stand, um ihn zu fragen, wie das drohende Unheil abzuwenden sei. Der Bischof riet ihnen, wie sie vorgehen sollten.

Bei der Heimkehr führte sie der Weg durch einen großen, dunklen Wald. Bis kurz vor dem Wald war das Männlein nicht von ihrer Seite gewichen. Als sie aber den Wald betraten, entfernte es sich. Da trat auf einmal ein schöner Jüngling zu ihnen. Sie wussten nicht, von woher er gekommen war. Der Jüngling winkte dem Fischerknaben beharrlich, mit ihm ins Gebirge zu gehen. Der Jüngling war aber niemand anders als der Teufel in einer anderen Gestalt. Trotzdem erkannten sie ihn und sprachen ihn an. Sie kamen nun mit diesem überein, wie ihnen der Bischof geraten hatte: Es solle die Erstlingsfrucht eines Werkes von des Knaben eigener Hand dem Teufel gehören. Habe er diese, so müsse er sich begnügen und von da an weichen.

Nun fand der Fischerknabe in dem Wald ein wildes Apfelreis. Er pflanzte es in einer Einöde auf einem Berg und setzte darum fünf geweihte Kreuze, damit der Teufel keinen Zugang hätte. Das Reis gedieh schnell und wurde ein stattlicher Baum, der bald Früchte trug. Der erste Apfel fiel über die fünf Kreuze hinaus und der Teufel fing ihn draußen sofort auf. Von derselben Stunde an war der Fischersohn erlöst.

Die heimliche Pforte

Der Herrgott machte am Abend seinen täglichen Gang durch den Himmel, um nach seinen Leuten zu sehen und die neu Angekommenen zu begrüßen. Da bemerkte er plötzlich in einem ver=

steckten Winkel des Himmels ein paar Gestalten, die kamen ihm nicht so recht sauber vor. Als er nun näher hinschaute, waren es richtig drei Burschen, die unten auf der Erde ein ziemlich wildes Leben geführt hatten, böse Händel gehabt, in schlechten Häusern verkehrt und ihm überhaupt viel Sorgen gemacht hatten. Darum rief er sofort den heiligen Petrus herbei und fragte ihn, wie er denn dazu komme, diese in den Himmel zu lassen, die gehörten, wenn überhaupt, lange Zeit ins Fegefeuer. Petrus wunderte sich, er könne sich nicht denken, wie sie hereingekommen seien, er habe sie auf alle Fälle nicht passieren lassen.

Nun ging der Herrgott zu den Burschen selber: »Wie seid ihr denn hereingekommen?«, fragte er sie. Sie antworteten: »Heute Morgen sind wir an das Himmelstor gekommen und haben angeklopft. Aber Herr Petrus hat uns die Türe vor der Nase zugeschlagen und geschrien, wir sollten zum Teufel gehen. Mit dem aber haben wir genug schlechte Erfahrungen gemacht. Deshalb sind wir um den Himmel herumgegangen, wir dachten, es müsse schon ir=

gendwo eine kleine Pforte oder ein Loch geben, durch das man hereinschlüpfen könne. Es war aber alles zu und verriegelt.

Schließlich waren wir schon ganz verzweifelt, als wir plötzlich eine leise Stimme hörten: ›Kommt, Kinder, kommt, hier könnt ihr durchschlüpfen.‹ Da ging ein heimliches Türlein auf – und darin stand die Mutter Gottes. Sie winkte uns mit der Hand und ließ uns herein.«

Da lachte der Herrgott: «Wenn sie euch hereingelassen hat, so mögt ihr auch dableiben.«

Der Räuber
und die zwölf Müllerstöchter

Im unteren Windhag, einem Waldstück bei Kißlegg, zeigte man noch vor ungefähr hundert Jahren die Stelle, wo einst ein gefürchteter Räuber sein Versteck gehabt hatte. Er war gegen Kugeln gefeit und verstand sich auf die schwarze Kunst. Um seine Zauberkräfte zu erneuern und zu stärken, brauchte er jedoch das Blut von zwölf Mädchen. Nun lebte damals ein Müller mit seiner Frau, einem Sohn und zwölf Töchtern in der Gegend. Er war ein rechtschaffener Mann, doch der Räuber scherte sich nicht darum. Er gaukelte dem Müller ein zauberisches Blendwerk vor, machte ihm schöne Sprüche und entführte ein Mädchen nach dem andern zu seinem Versteck im unteren Windhag. Die Müllersleute wurden schier schwermütig, als alle ihre Töchter auf Nimmerwiedersehen verschwanden. Aber gegen die Zauberkraft und das Gaukelspiel des Räubers konnten sie nichts ausrichten.

Wenn der unheimliche Kerl ein Mädchen entführt hatte, dann setzte er sich unter eine himmelhohe Tanne und begann einen Strick aus Weidenruten zu drehen; das arme Ding musste ihn derweil lausen. Der Räuber hielt seinen Kopf ganz ruhig und erzählte seltsame Geschichten. So trieb er es auch, als er die zwölfte Müllerstochter zu der hohen Tanne gebracht hatte. Da fiel ein Blutstropfen aus den Ästen auf die Hand des Mädchens herab. Es schaute hinauf und sah mit vor Schreck geweiteten Augen seine elf Schwestern an Weidenstricken in dem Baum hängen. Es schrie laut auf und begann zu weinen. Der Räuber merkte, dass die Müllerstochter erkannt hatte, was ihr bevorstand. Er fuhr sie barsch an, sie solle sich auf ihr Ende vorbereiten und ein paar Gebete sprechen. Das Mädchen fiel vor ihm auf die Knie und flehte um Barmherzigkeit. Er schüttelte nur den Kopf. Da bat es, noch drei Schreie tun zu dürfen. Der Räuber nickte. Der erste Schrei des Mädchens galt Jesus, der andere der Mutter Gottes. Mit dem dritten rief es seinen Bruder an. Kaum war der letzte Schrei verhallt, da kam ein Jäger mit einer großen Hundemeute auf den Räuber zugestürmt. Der hatte in diesem Augenblick alle Zauberkraft verloren, konnte sich nicht mehr wehren und der Jäger nahm ihn gefangen. Der Retter in höchster Not war der Bruder des Mädchens. Er führte seine Schwester zu den Eltern zurück und übergab den Räuber dem Blutgericht.

Der kluge Martin

Ein armer Vater hatte drei Söhne, davon war der eine ein Schuster und hieß nur: der kluge Martin; der andere war ein Weber, der dritte ein Schneider. Nachdem sie alle miteinander ausgelernt hatten, schickte der Vater sie auf Reisen in die Fremde und gab einem jeden ein hübsches Besteck, damit sie nicht unterwegs, wenn man ihnen etwas zu essen gäbe, mit fremden Löffeln, mit fremden Messern und Gabeln essen müssten, sondern ihre eigenen hätten. Weiter konnte er ihnen außer seinem Segen nichts mitgeben.

In einem Wirtshaus, in dem die Brüder unterwegs einkehrten, beschlossen sie, dass von hier ein jeder einen unterschiedlichen Weg einschlagen solle, dass sie aber nach fünf Jahren an demselben Tage und in demselben Wirtshaus sich wieder zusammenfinden wollten. Nun, das war gut. Nachdem sie diese Verabredung getroffen hatten, trennten sie sich und ein jeder zog seiner Straße nach.

Da kam denn der kluge Martin alsbald an eine Brücke und hörte daselbst ein Glöcklein läuten und dachte: »Wie mag eine Glocke so für sich läuten?«, denn er sah keinen Menschen dort. Als er sich aber genauer umsah und eben die Brücke von unten näher betrachten wollte, trat ihm ein Mann entgegen und sagte: »Was suchst du hier und wo willst du hin?« Da sprach der kluge Martin: »Ich bin ein Schuhmacher und suche Arbeit und habe mich hier über das Läuten der Glocke verwundert; aber nun sag mir auch, wer du bist und was du hier machst?« Da erwiderte der andere: »Ich bin ein Räuber.« – »Oh«, sagte der kluge Martin, »dies Handwerk habe ich zwar nicht gelernt, aber ich denke mir, ich verstünd' es doch. Weißt du was, behalt mich hier! Ich will auch ein Räuber werden!« Der andere meinte, er wolle ihn wohl einstweilen dabehalten; allein unter die Räuber dürfe er niemand aufnehmen, das könne nur sein Meister selbst tun und der sei nicht zu Haus. Da wartete der kluge Martin drei Tage lang, da kam der Räuberhauptmann zurück; und nachdem ihm Martin seinen Wunsch eröffnet hatte, antwortete er, ja, er wolle ihn wohl aufnehmen, aber er müsse vorher eine Probe ablegen und seine Geschicklichkeit zeigen. Dem stimmte der kluge Martin zu und ging fort und hatte nichts bei sich als das Besteck, das ihm sein Vater geschenkt hatte.

Wie er nun in einen Wald kam, sah er einen Metzger dahinziehen, der führte ein Kalb bei sich. Der kluge Martin schlich sich sogleich durch den Wald, gewann durch einen Seitenweg einen Vorsprung und lief so weit vor dem Metzger. Nun zog er sein Besteck aus der Tasche, nahm Löffel, Messer und Gabel aus der Scheide und warf diese mitten auf den Weg. Über eine Weile, nachdem er eine gute Strecke weitergegangen war, ließ er die Gabel fallen und wieder nach einer Weile, in einer ziemlichen Entfernung, das Messer und den Löffel zusammen an einer Stelle – und dann versteckte er sich im Gebüsch. Sobald der Metzger die Scheide fand, besah er sie zwar, dachte aber, was sollst du mit der leeren Scheide machen, und ließ sie liegen, denn sie war ohnehin ganz schlecht. Ebenso gefiel ihm auch die Gabel nicht und er mochte sie nicht aufheben. Als er aber weiterzog und zuletzt das Messer und den Löffel liegen sah, die beide sehr schön waren, nahm er sie auf und dachte: »Ei, jetzt solltest du doch das ganze Besteck beisammen haben! Hättest du nur gleich alles mitgenommen!« Flink band er sein Kalb an einen Baum und lief zurück, um die anderen Sachen zu holen.

Während er nun fort war, sprang der kluge Martin geschwind hervor, band das Kalb los und trieb es in den Wald hinein, indem er beständig blökte. Als der Metzger zurückkam und mit seinem Kalb weiter wollte, war es fort. Er glaubte, es habe sich losgerissen und verlaufen und ging dem Blöken nach, das er immer noch im Wald hörte.

Der kluge Martin aber war an einen Teich gekommen, hatte dort schnell das Kalb geschlachtet und den abgeschnittenen Kopf mitten in den Teich geworfen und blökte nun in einem fort ganz erbärmlich, also, dass der Metzger, wie er an den Teich kam, nicht anders glaubte, als dass sein Kalb in das Wasser gelaufen sei und nur noch den Kopf daraus hervorstrecken könne. Deshalb zog er sich flink aus und sprang in den Teich, um es herauszuziehen. Während er nun im Wasser war, kam der kluge Martin, nahm Kleidung und Geld des Metzgers an sich und auch das Besteck, das er ihm hingeworfen hatte. Wie der Wind war er fort damit und brachte alles dem Räuberhauptmann und erzählte ihm, wie er es bekommen. Da war der Räuberhauptmann mit dem Probestück zufrieden und nahm den klugen Martin unter seine übrigen Gesellen auf. Der kluge Martin aber wurde bald ein so geschickter und kühner Räuber, dass man ihn weit und breit fürchtete und die Obrigkeit ihm eifrig nachstellte; allein er war viel zu vorsichtig, als dass er sich hätte fangen lassen.

Als nun gerade die fünf Jahre herum waren, gedachte er, seine Brüder einmal zu besuchen, wie sie's miteinander verabredet hatten, und bekam von seinem Hauptmann Wagen samt Pferden und fuhr in das Wirtshaus. Da saßen seine zwei Brüder schon, erkannten ihn aber nicht wieder, bis er selbst sich ihnen entdeckte. Da waren sie vergnügt und Martin gab ihnen so viel zu essen und zu trinken, als sie nur konnten.

Da trug sich's zu, dass der Räuberhauptmann mit der ganzen Räuberbande gefangen wurde; bloß den klugen Martin hatten sie nicht bekommen. Die Obrigkeit ließ aber bekannt machen, dass der, welcher den klugen Martin lebendig oder tot bringen könnte, eine Belohnung von tausend Gulden haben solle. Das hörte der kluge Martin selbst eines Morgens, als er noch bei seinen Brüdern in dem Wirtshause war. Sogleich verkaufte er seinen Wagen mit den schönen Pferden und kaufte sich einen ganz schlechten Krämerkarren, lud ein Fass voll Branntwein darauf, zog schlechte Kleider an und fuhr so zum Ort hinaus, ohne dass ihn jemand erkannte.

Es dauerte aber nicht lange, so kam er an eine Brücke, da standen fünfundzwanzig Husaren und sollten den klugen Martin abpassen. Sobald er aber die Soldaten erblickte, fing er an, sich betrunken zu stellen und taumelte von einer Seite zur andern und sang und schrie und schlug sein Pferd. Das setzte er fort, bis er in die Nähe der Husaren kam, nun trieb er das Pferd so heftig auf die eine Seite des Weges, dass das Rad mit einem Male in den Graben lief und der Wagen umfiel. Da jammerte er nun laut und versuchte, den Wagen wieder aufzurichten; aber er konnte es nicht allein und bat deshalb die Husaren, dass sie ihm helfen mögen. Die eilten denn auch herbei und brachten alles wieder in Ordnung. Zum Dank dafür schenkte er einem jeden ein großes Glas Branntwein ein und dann noch eins und endlich so viel sie nur wollten, bis alle ganz betrunken waren und sich nicht mehr regen konnten. Darauf holte Martin aus seiner Höhle, die in der Nähe war, fünfundzwanzig Kapuzinerkutten und zog diese den Husaren an und fuhr sie dann in der Nacht bis dicht vor die Schlosswache des Kaisers. Als der am anderen Morgen die Kapuziner auf der Wache sah und die ganze Geschichte erfuhr, fragte er den Räuberhauptmann, wer ihm wohl den Streich gespielt habe. Sprach der: »Das hat gewiss niemand anders als mein Martin getan, das ist ein Blitzkerl.«

Dann fragte der Kaiser den Hauptmann weiter, wie man den klugen Martin wohl fangen könne. Dieser antwortete, der Kaiser möge einmal einen öffentlichen Ball ausschreiben und den Fußboden des Tanzsaals mit Goldstücken belegen lassen; da werde der Martin gewiss nicht fehlen, und wenn er das Gold sehe, so könne er's nicht liegen lassen und werde sich bücken und es aufheben; daran werde man ihn dann leicht erkennen und ihn festnehmen können. Der Rat gefiel dem Kaiser und er ließ sogleich den Ball ausschreiben und machte alles so, wie der Räuberhauptmann es ihm geraten hatte. Der kluge Martin aber

hörte auch von dem Balle und gedachte hinzugehen. Wirklich
begab er sich mit einem Bediensteten in den Tanzsaal des Kaisers. Wie er da nun die Goldstücke am Boden liegen sah, überleg-
te er: »Die lägen in meiner Tasche viel besser!« Und wie der
nächste Tanz aus war, ging er hinaus zu seinem Bediensteten

und der musste ihm Pech holen. Dieses machte er warm und klebte es unter seine Schuhsohlen, wieder ging er in den Saal und tanzte, dass es eine Art hatte. So oft aber ein Tanz zu Ende war, ging er vor die Tür und ließ sich von seinem Diener die Goldstücke abnehmen, die an dem Pech hängengeblieben waren. Und so trug er manches Stück hinaus, ohne sich zu verraten und ohne gefangen genommen zu werden.

Als dem Kaiser die List misslungen war und er den Hauptmann um einen anderen Vorschlag anging, wie er den klugen Martin fangen könnte, so schlug der Hauptmann vor, der Kaiser möge ein Turnier ausschreiben und einen recht hohen Preis für den Sieger bestimmen; da werde der kluge Martin ganz gewiss den Preis gewinnen und der Kaiser könne ihn dann leicht gefangen nehmen lassen. Nun ließ der Kaiser ein Turnier ausschreiben und ließ bekannt machen, dass er dem Sieger seine einzige Tochter als Gemahlin geben wolle. Da kamen viele Fürsten, Grafen und Ritter zusammen und turnierten, gar mancher von ihnen hätte die schöne Kaiserstochter gern gewonnen. Aber was meinst du, wer wohl Sieger wurde? Der alte Räuberhauptmann hatte Recht: Der kluge Martin besiegte alle Fürsten, Grafen und Ritter und wurde daraufhin mit der Tochter des Kaisers verlobt. Der Kaiser aber und seine Räte merkten bald, dass es wirklich der kluge Martin war, der den Preis gewonnen hatte. Und so wurde er auf Befehl des Kaisers festgesetzt und sollte hingerichtet werden. Allein hatte er der Tochter des Kaisers so gut gefallen, dass sie ihrem Vater erklärte: »Den will ich heiraten und keinen anderen!« Da musste der Kaiser wohl nachgeben und der kluge Martin bekam seine Tochter und ist zuletzt auch noch Kaiser geworden.

Die drei Raben

Es war einmal eine Frau, die hatte drei Söhne und eine Tochter. Nun erwartete sie eines schönen Tages Besuch und buk deshalb drei Pasteten, die sie in den Keller stellte. Die Söhne aber hatten feine Nasen, sie rochen die Pasteten, gingen heimlich in den Keller und aßen sie auf. Wie nun die Mutter die Pasteten holen wollte und sie nicht mehr vorfand, wurde sie zornig und rief: »So wollt ich doch, dass die Pastetenfresser zu Raben würden!« Und sogleich flogen ihre drei Söhne als schwarze Raben zum Fenster hinaus. Ehe sie aber fortflogen, riefen sie ihrer Schwester zu: »Besuch uns auch, lieb's Schwesterlein, übers Jahr in dem Schlosse auf dem gläsernen Berge. Du musst aber zwei Hühnerfüßchen mitbringen, um hineinzukommen. Und findest du uns nicht zu Hause, so musst du ein wenig warten.« Dann schwangen sie sich hoch in die Luft dem gläsernen Berg zu. Die Schwester sah ihnen lange nach, bis sie endlich so klein waren wie Pünktchen und ihr Auge sie nicht mehr von dem blauen Himmel unterscheiden konnte. Da war sie sehr traurig und ihre Mutter noch viel mehr, weil sie ihre eigenen Söhne verwunschen hatte.

Als nun das Jahr vorüber war, ließ die Schwester sich nicht länger halten und machte sich, so ungern die Mutter es auch zugab, ganz allein auf den Weg nach dem gläsernen Berge. Sie wollte ihre drei verwunschenen Brüder besuchen und, wenn es möglich wäre, sie erlösen. Sie nahm, wie die Brüder ihr gesagt hatten, zwei Hühnerfüßchen mit und fand richtig den Weg zu dem gläsernen Berge und zu dem Schloss. Sie ging in dasselbe hinein, es war gerade halb zwölf Uhr und das Mittagessen stand fertig auf dem Tisch. Aber kein Rabe war zu sehen und zu hören. Da nahm sie einen Löffel, er gehörte ihrem ersten Bruder, und aß damit ein wenig von dem zweiten Teller und trank aus dem Glase, das ihrem dritten Bruder gehörte. Dann ging sie durch das ganze Schloss. Als sie nirgends einen Menschen noch sonst ein lebendiges Wesen antraf, verkroch sie sich in der Küche in einen Backofen.

Nachdem sie eine kleine Weile darin gelegen, kam die Mittagsstunde und Schlag zwölf hörte sie auch die Raben schreien und durchs Fenster fliegen. Die bemerkten bald, dass ein Mensch in dem Schlosse sein müsse und riefen: »Unser Schwesterlein ist da!« – »Ja«, stellte der Erste fest, »sie hat meinen Löffel genommen.« »Und hat von meinem Teller gegessen«, bestätigte der Zweite. »Und hat aus meinem Glas getrunken«, sagte der Dritte. Dann suchten sie so lange, bis sie endlich ihre Schwester fanden. Sie ging mit ihren Brüdern zu Tisch, sie aßen und tranken und waren sehr vergnügt miteinander.

»Ach«, seufzte aber dann die Schwester, »wenn ich euch nur erlösen könnte! Ist dies denn ganz unmöglich?« »Das wohl nicht«, sagten die Brüder, »aber schwer ist es, sehr schwer! Du müsstest sieben Jahre lang in den Wald gehen und kein Wort reden, dann würden wir erlöst sein und unsere menschliche Gestalt wiederbekommen.« »Oh«, rief die Schwester, »wenn es weiter nichts ist, so soll es schon gehen und ich will euch gewiss erlösen.« Darauf nahm sie Abschied von ihren Brüdern und begab sich tief in den Wald hinein.

Nachdem sie hier von Kräutern und Beeren eine Zeit lang ganz einsam gelebt hatte, begegnete ihr eines Tages ein Jäger. Der fragte sie, woher sie denn komme, doch bekam er keine Antwort. Das tat ihm leid, denn das Mädchen war sehr schön und gefiel ihm so gut, dass er sich in sie verliebte und sie fragte, ob sie seine Frau werden möge. Da nickte sie und nun nahm er sie vergnügt mit in sein Jägerhaus und hielt Hochzeit mit ihr.

Der Jäger aber hatte viel im Wald zu tun, so dass er oft eine ganze Woche lang abwesend war. So war er gerade wieder einmal auf der anderen Seite des Waldes, als seine Frau einen Sohn gebar. Die Hebamme aber war eine böse Frau und konnte die Jägersfrau nicht leiden. Deshalb schrieb sie dem Jäger, seine Frau habe einen Hund zur Welt gebracht, was er damit anfangen wolle? Der Jäger ließ ausrichten, man solle die Missgeburt ins Wasser wer-  fen. Das tat die Hebamme auch sogleich, ohne dass die arme Mutter etwas dagegen machen konnte. Kaum aber hatte die Hebamme den Knaben ins Wasser geworfen, kamen drei Raben herbeigeflogen, zogen das Kind heraus und nahmen es mit auf ihr Schloss.

Der Jäger aber hatte seine Frau noch ebenso lieb wie vorher und freute sich, als sie bald darauf wieder guter Hoffnung war. Es traf sich jedoch auch diesmal, dass er abwesend war, als seine Frau zum zweiten Male einen Sohn zur Welt brachte. Da ließ die böse Hebamme dem Vater sagen, seine Frau habe wieder einen Hund geboren. Worauf der Jäger zur Antwort gab, man solle den Hund ins Wasser werfen. Da nahm die Hebamme auch den zweiten Sohn und warf ihn in das tiefe Wasser. Doch sogleich kamen drei Raben herbeigeflogen, retteten das Kind und brachten es auf ihr Schloss zu seinem Brüderchen, wo es keine Not litt.

Der Jäger war nun zwar bekümmert, glaubte aber, es sei dies eine Fügung des Himmels, die er in Geduld ertragen müsse, und war deshalb nicht minder lieb und freundlich gegen seine Frau als früher.

Als sie zum dritten Male in seiner Abwesenheit einen Sohn gebar und die böse Hebamme ihm schrieb, seine Frau habe wieder einen Hund geboren, befahl er ebenfalls, man solle auch diesen Hund gleich ersäufen. Da nahm die Hebamme den dritten Sohn und warf ihn in das tiefe Wasser. Und wieder kamen drei Raben herbeigeflogen, retteten das Kind und brachten es auf ihr Schloss zu seinen Brüdern.

Nun war es aber dem Jäger mit seiner Frau gar zu arg. Je mehr er darüber nachdachte, umso gewisser war es ihm, dass seine Frau eine gottlose Hexe sein müsse, weil der Himmel sie so sichtbar strafe. Da ging er heim, ließ auf der Stelle einen Scheiterhaufen errichten und die Frau darauf binden, um sie zu verbrennen. »Ach Gott im Himmel, wie wird es mir ergehen«, dachte still die arme Frau und durfte doch kein Wörtchen reden.

Wie nun aber der Holzhaufen angezündet wurde und der Rauch die Frau einhüllte, da waren gerade die sieben Jahre bis auf Stunde und Minute herum. Da sprengten drei weiß glänzende Reiter auf schneeweißen Pferden daher und jeder von ihnen hatte einen hübschen Knaben im Arm. Sie riefen: »Halt, halt, nehmt die Frau herunter!«

Das waren die erlösten Brüder, die brachten die drei Söhne ihrer Schwester und erzählten, wie und wo sie dieselben gerettet hatten. Sie sprachen: »Oh, liebe Schwester, jetzt sind wir wieder Menschen, jetzt rede!« Da erzählte sie ihrem Mann, weshalb sie so lange habe schweigen müssen. Als sie nun ihre Kinder wieder zurück hatte und ihre Unschuld an den Tag gebracht war, da wurde an ihrer statt die böse Hebamme auf den Scheiterhaufen gelegt und zu Asche verbrannt.

Weil der Jäger aber so leichtgläubig gewesen war und seine Frau für eine Hexe gehalten hatte, so wollten ihre Brüder sie ihm nicht länger lassen, sondern nahmen sie mit und behielten sie bei sich bis an ihr seliges Ende. Sie vergaßen niemals, was die treue Schwester für sie getan und ausgestanden hatte.

Der Buschen von Palmkätzchen

Einst hatte ein Bauer drei Söhne, den Jörg, den Michel und den Stoffel. Der Jörg hatte studiert, der Michel war ein wackerer Bauernbursche, aber der Stoffel ein krummer, schielender und dummer Kerl.

Da ließ der Fürst eines Tages im ganzen Lande bekannt machen, wer ihm am Tag seines Thronjubiläums den schönsten Buschen von Palmkätzchen bringe, der solle seine Tochter zur Frau bekommen. Da dachte sich der Jörg, er habe ja studiert, da werde es ihm schon gelingen, den schönsten Buschen zu bringen. Drum ging er in den Wald und begann Zweige, Zäpfchen aller Art und die schönsten Palmkätzchen zu schneiden. Da kam mit einem Mal das Waldweiblein durch das Gebüsch und fragte: »Was machst du denn da?« Da antwortete der Jörg: »Für den Fürsten einen Palmbuschen und dazu einen recht schönen, es soll der allerschönste sein, den er je gesehen hat.« Da sprach das Weiblein: »Wenn du mir ein Fläschle Schnaps versprichst, mache ich dir den schönsten Palmbuschen der Welt.« Der Jörg versprach's und legte sich wartend ins Moos. Bald war das Weiblein fertig und er gab ihr das Versprochene. Am anderen Morgen machte er sich auf den Weg an den Fürstenhof. Da begegnete ihm im Wald ein altes Männlein – es war aber das Waldweiblein, das sich verwandelt hatte – und erkundigte sich neugierig: »Was hast du in deinem Korb?« – »Was werde ich drinhaben?«, antwortete der Jörg, »Vögelfüß'!« »Das sollen's auch sein«, antwortete das Männlein und ging weiter.

Wie Jörg an den Hof kam und seinen schönen Palmbuschen sehen lassen wollte, waren wirklich lauter Vögelfüße im Korb. Dafür bekam er eine tüchtige Portion auf die Hosen. Inzwischen dachte der Michel, ich will's auch mal probieren. Er tat alles gerade so wie der Jörg, erlebte auch das Gleiche, und als ihm im Walde das Männchen begegnete und fragte, was er im Korb habe, da gab er ihm die derbe Antwort, er habe Rossbollen drin. Als der Michel am Fürstenhof ankam, wurde er ermahnt, er bekäme mindestens fünfzig Hiebe auf den Hosenboden, wenn er nichts Rechtes bringe. Er beteuerte sogleich, einen schönen Palmbuschen zu haben. Und was lag in seinem Korb – Rossbollen. Mit tüchtigen Prügeln wurde er davongejagt.

Endlich wagte es auch der Stoffel. Im Walde begegnete ihm, wie seinen Brüdern zuvor, das Waldweiblein; und im Tausch gegen ein Fläschle Schnaps brachte sie ihm den allerschönsten Palmbuschen der Welt. Auf dem Weg zum Fürstenhof begegnete auch ihm das alte Männlein. Auf die Frage, was er denn in seinem Korb habe, antwortete der Stoffel: »Den schönsten Palmbuschen der ganzen Welt.« – »So soll es auch sein«, antwortete das Männlein und ging seines Weges. Am Fürstenhof wollte man den Stoffel gar nicht vorlassen wegen seiner hässlichen Gestalt und auch wegen den schlechten Erfahrungen mit seinen Brüdern. Endlich wurde es ihm doch gestattet, damit man seinen Spaß hätte, wenn er gleichfalls verprügelt würde. Wie erschrak aber der Fürst, als er sah, dass Stoffel in der Tat den allerschönsten Palmbuschen gebracht hatte, und die Prinzessin weinte und klagte, einen solch hässlichen Kerl nehme sie nicht zum Mann, was immer ihr Vater versprochen haben möge. Der Fürst jedoch wollte sein Wort halten und gab dem Stoffel eine weitere Aufgabe, von der er dachte, dass er sie nie erfüllen könnte: Er sollte nämlich alle Hasen und Vögel des Waldes zusammentreiben und hüten.

Da ging Stoffel trübselig und traurig des Weges. Im Wald begegnete ihm wiederum das Waldweiblein und fragte: »Stoffel, warum weinst du?« »Weil man mich abgewiesen hat und nun bekomme ich die Prinzessin nur dann zur Frau, wenn ich alle Hasen und Vögel des Waldes zusammenbringen und hüten kann. Und das bringe ich nie und nimmer zuwege«, antwortete Stoffel. »Ich weiß schon«, entgegnete das Waldweiblein. »Aber schau, hier gebe ich dir eine Schwegelpfeife, mit der kannst du alles Getier im Wald zusammenpfeifen. Und hier hast du ein Tränklein, das wird dir eine schöne Gestalt verleihen und bewirken, dass die Prinzessin dich mag.« Stoffel kehrte nun um, ging wieder zum Fürsten und versprach die Bedingung zu erfüllen. Er marschierte hinaus in den Wald, blies auf der Schwegelpfeife die schönsten Melodien. Siehe, da kamen alle Hasen herbeigehoppelt und alle Vögel flogen zusammen. Stolz führte Stoffel die Tiere zum Fürstenhof.

Inzwischen hatte er den Trank des Waldweibleins getrunken und eine wunderschöne Gestalt bekommen. Als ihn nun die Prinzessin sah und auch hörte, wie Stoffel so schön die Schwegelpfeife blies, da verliebte sie sich auf der Stelle in ihn und nahm ihn gern zum Mann. Die Hochzeit wurde mit großer Pracht gefeiert und als der alte Fürst starb, wurde Stoffel sein Nachfolger und wurde ein weiser und gerechter Herrscher.

Der Riese ohne Herz

Es war einmal ein König, der hatte sieben Söhne, die er sehr liebte. Wie nun die Söhne in das Alter kamen um zu heiraten, sprach er zu den sechs ältesten: »Zieht in die weite Welt und jeder suche sich eine Frau. Euer jüngster Bruder aber soll bei mir zu Hause bleiben, dem bringt ihr eine Frau mit.« Der König gab seinen Söhnen herrliche Pferde, kostbare Kleider und viel Geld und Gold mit.

Die sechs Prinzen ritten in die weite Welt. Sie ritten durch viele Reiche und Länder. Eines Tages kamen sie in ein Königreich, in dem sechs wunderschöne Prinzessinnen lebten. Da fand jeder der Prinzen seine Braut. Doch hatten sie vergessen, dass sie für ihren jüngsten Bruder auch eine junge Frau mit nach Hause bringen sollten.

Wie sie nun auf dem Heimweg waren, ritten sie an einem Berg vorüber, auf dem ein Riese, ein böser Zauberer, hauste. Wie der die sechs Prinzen mit ihren Bräuten vorüberreiten sah, verwandelte er die Reitenden in Steine.

Die Zeit ging vorüber. Als seine Söhne nicht mehr nach Hause zurückkehrten, wurde der alte König sehr traurig. Da sprach eines Tages der Jüngste: »Vater, ich will in die weite Welt reiten und meine Brüder suchen.« »Ach«, erwiderte der König, »bleibe hier, ich möchte dich nicht auch noch verlieren.« Der Jüngste aber bat so lange, bis ihm der König seinen Segen gab und ihn mit einem alten, lahmen Pferd auf die Reise schickte.

Lange, lange ritt er. Eines Tages sah er mitten auf dem Weg einen hungrigen Raben sitzen. »Ach«, klagte der Rabe, »gib mir doch etwas zu essen, dass ich wieder zu Kräften komme. Ich werde dann auch dir helfen, wenn du in Not bist.« Der junge Königssohn sprach: »Zwar habe ich selbst nicht mehr viel, aber

ich will dir gerne etwas davon abgeben.« Und so teilte er mit
dem Raben sein Brot. Wie er nun weiterritt, kam er zu einem
Fluss. Dort lag ein Hecht am Ufer, der bat: »Ach, trage mich
doch ins Wasser zurück, ich werde dir dann auch helfen, wenn
du in Not bist.« »Gern will ich dich zum Wasser bringen, obwohl du mir nicht viel helfen können wirst«, sprach der Prinz
und warf den Hecht wieder in den Fluss.

Als er nun weit, weit geritten war, lag matt vor Hunger ein
Wolf am Wege. »Ach, gib mir doch dein Pferd zu fressen, damit
ich wieder zu Kräften komme«, bat das Tier. »Ich kann dir doch
nicht mein Pferd geben«, rief der Prinz, »wie soll ich denn dann
weiterkommen?« »Wenn ich dein Pferd gefressen habe«, antwortete der Wolf, »werde ich dein Reittier sein und ich werde dir
dann auch helfen, wenn du in Not bist.« Da willigte der Prinz
ein. Und als der Wolf das Pferd gefressen hatte, war er wieder

bei Kräften. Der Prinz sattelte ihn und legte ihm das Zaumzeug an und der Wolf lief mit dem Prinz auf dem Rücken davon, schneller denn der Wind.

Eines Tages sahen sie vor sich einen hohen Berg. »Siehst du diesen Berg?«, frug der Wolf, »dort haust der Riese, der deine sechs Brüder mit ihren Bräuten in Steine verwandelt hat. Die sollst du erlösen.« Doch der jüngste Prinz weinte und klagte: »Ach, ich fürchte mich! Wie kann ich ihnen denn helfen? Der Riese wird mich auch verzaubern!« Doch der Wolf sprach: »Sei ohne Sorge, gehe getrost in das Haus des Riesen. Dort wirst du eine Prinzessin finden, die kann dir helfen.« Der Prinz bestieg nun den Berg. Kaum aber hatte er des Riesen Haus betreten, sah er eine Prinzessin, die war schöner als der helle Tag. Diese rief erschrocken: »Wie kommst du hierher? Der Riese wird dich in einen Stein verwandeln. Ihn kann niemand besiegen, weil er sein Herz nicht bei sich hat.« Doch der Prinz antwortete ihr: »Ich muss versuchen, meine Brüder zu erlösen, die von dem Riesen versteinert wurden. Vielleicht kannst du mir dabei helfen?« »Gut«, sprach die Prinzessin, »krieche hier unter dieses Bett, ich werde den Riesen fragen, wo er sein Herz hat. Pass gut auf, was er mir zur Antwort gibt!«

Kaum war der Prinz unter das Bett gekrochen, da kam der Riese und schrie: »Ich rieche Menschenfleisch.« »Ja«, sagte die Prinzessin, »eine Elster ist vorübergeflogen, die ließ einen Menschenknochen fallen.« Da gab sich der Riese zufrieden.

Als sie nun zu Bett gegangen waren, fragte die Prinzessin den Riesen: »Wo hast du denn dein Herz aufbewahrt, wenn du es nicht bei dir trägst?« »Ich mag es nicht, wenn du danach fragst. Doch will ich es dir sagen, es liegt unter der Türschwelle.« Am nächsten Morgen, ehe der Tag graute, ging der Riese hinaus in die Berge, hinaus in die Wälder. Der Prinz und die Prinzessin aber suchten unter der Türschwelle nach dem Herz des

Riesen. Und sie suchten und suchten, fanden es aber nicht. Die Prinzessin jedoch pflückte Blumen und streute diese über die Türschwelle.

Als der Abend nahte, kroch der Prinz wieder unter das Bett. Kaum war er darunter gekrochen, kam der Riese und schrie: »Ich rieche Menschenfleisch.« »Ja«, sagte die Prinzessin, »eine Elster ist vorübergeflogen, die ließ einen Menschenknochen fallen.« Da gab sich der Riese zufrieden. Er bemerkte nun die Blumen auf der Schwelle und fragte, was dies zu bedeuten habe. »Ich wollte deinem Herzen eine Freude machen«, antwortete die Prinzessin. »Aber mein Herz ist nicht unter der Türschwelle«, rief der Riese aus. »Wo ist es denn dann?«, wunderte sich die Prinzessin. »Es ist dort in dieser großen Truhe«, erklärte ihr der Riese. Am nächsten Morgen, ehe der Tag graute, ging der Riese hinaus in die Berge, hinaus in die Wälder. Der Prinz und die Prinzessin aber suchten in der Truhe nach dem Herzen des Riesen. Und sie suchten und suchten, fanden es aber nicht. Die Prinzessin jedoch schmückte die Truhe mit Blumen und Kränzen.

Als der Abend nahte, kroch der Prinz wieder unter das Bett. Kaum war er darunter gekrochen, kam der Riese und schrie: »Ich rieche Menschenfleisch.« »Ja«, sagte die Prinzessin, »eine Elster ist vorübergeflogen, die ließ einen Menschenknochen fallen.« Da gab sich der Riese zufrieden. Er bemerkte nun die Blumen und Kränze auf der Truhe und fragte, was das zu bedeuten habe. »Ich wollte deinem Herzen eine Freude machen«, sagte die Prinzessin. »Aber mein Herz ist nicht in der Truhe«, rief der Riese. Da weinte und klagte die Prinzessin und sprach: »Dann hast du dein Herz doch bei dir, wie ein Mensch. Und wenn du stirbst, bin ich allein auf diesem hohen Berg voller Steine.«

»Sei ruhig«, sprach der Riese, »wo mein Herz ist, kann kein Mensch hinkommen. Weit, weit von hier ist ein großes Meer, in dem Meer ist eine Insel, auf der Insel ist ein Schloss und in dem Schloss ist ein tiefer Brunnen. In dem Brunnen aber schwimmt eine Ente, diese Ente trägt ein Ei und in diesem Ei ist mein Herz.«

Kaum war am nächsten Morgen der Riese in die Berge und in die Wälder gezogen, nahm der Prinz Abschied von der Prinzessin. Unten am Berg wartete schon der Wolf auf ihn und der Prinz erzählte ihm alles, was er von dem Riesen gehört hatte. Schneller wie der Wind ging es über Berge und Täler und am Morgen des siebenten Tages waren sie bei dem großen Meer angelangt. Der Prinz wusste jedoch nicht, wie er zu der Insel gelangen sollte. Der Wolf aber sprang mit ihm auf dem Rücken ins Wasser und schwamm schnell zu der Insel hinüber. Doch wie sollten sie in das Schloss hineinkommen? Der Schlüssel hing ganz oben am Dachfirst. Da rief der Prinz den Raben zur Hilfe herbei. Und der Rabe kam geflogen, fasste den Schlüssel und gab ihn dem Prinzen. Der Prinz schloss nun die Türe auf und betrat die Halle des Schlosses. Da sah er in dem Brunnen die Ente schwimmen. Er fasste sie und in dem Augenblick ließ die Ente das Ei fallen, das im tiefen Brunnen verschwand. Da rief der Prinz den Hecht zur Hilfe herbei. Und der Hecht kam geschwommen, holte das Ei vom Brunnengrunde und gab es dem Prinzen. »Drücke das Ei zusammen«, riet ihm der Wolf. Da schrie der Riese auf dem fernen Berg so laut auf, dass sie es sogar auf der Insel hören konnten. »Sage, du würdest ihm das Leben schenken, wenn er deine Brüder und ihre Bräute wieder lebendig macht«, riet ihm der Wolf. Und so kam es dann auch: Der Riese verwandelte die Steine wieder in die Prinzen und ihre Bräute. »Jetzt zerdrücke das Ei ganz«, riet ihm der Wolf. Der Prinz folgte dem Rat, da zerbarst der Riese auf dem fernen Berg.

Der Prinz bedankte sich nun bei dem Raben und dem Hecht und ritt auf dem Rücken des Wolfes zum Berg des Riesen. Dort warteten schon seine erlösten Brüder mit ihren Bräuten und die wunderschöne Prinzessin auf ihn. Diese war froh, dass sie nun aus der Gewalt des Riesen befreit war, und wurde gern die Braut des jüngsten Prinzen. Sie ritten nun in das Reich ihres Vaters zurück, dort wurde das Hochzeitsfest gefeiert. Der Wolf war als Ehrengast eingeladen und blieb zeitlebens der beste Freund des jüngsten Prinzen.

Der kranke König
und seine drei Söhne

Es war einmal ein König von England, der war schon viele, viele Jahre krank und kein Doktor im ganzen Land konnte ihm helfen. Nun träumte er eines Nachts: Weit weg in einem fremden Land sei ein Garten, darin wüchsen die schönsten Früchte der Welt. Und wenn er von diesen Früchten esse, würde er wieder gesund werden. Als er den Traum am nächsten Morgen seinen drei Söhnen erzählte, waren diese sogleich bereit, den Garten zu suchen und die Früchte für ihren Vater zu holen.

Als Erstes machte sich der Älteste auf den Weg. Er ließ sich ein Pferd satteln, versah sich reichlich mit Gold und Silber, nahm Abschied von seinem Vater und sprach: »Wenn ich heute übers Jahr nicht wieder hier bin, so werde ich nimmer zurückkommen.« Und er ritt davon.

Nach einiger Zeit kam er zu einem großen Wald, dort begegnete ihm ein armer alter Mann, der sprach bittend zu ihm: »Gib mir doch eine kleine Gabe, ich leide so großen Hunger.« Der Prinz aber schalt ihn aus und wies ihn fort, ohne ihm etwas zu geben, und ritt tiefer und tiefer in den Wald hinein. Als er schon viele Tage lang keinen Menschen mehr gesehen hatte, traf er plötzlich mitten im Wald auf ein großes Wirtshaus. Er stieg ab und ging hinein. Von dem Wirt bekam er alles, was er nur wünschte. Als er sich nun durch Essen und Trinken erquickt hatte, traten einige wunderschöne Mädchen ins Zimmer. Die brachten ein Kartenspiel und forderten ihn auf, zum Zeitvertreib ein Spiel mit ihnen zu machen. Ja, das war ihm ganz recht. Es dauerte aber nicht lange, da hatte er all sein Geld, welches er mitgenommen hatte, verspielt. Weil er jedoch meinte, er müsse und müsse doch endlich gewinnen, machte er Schulden, und als er nicht bezahlen konnte, wurde er in den Schuldturm gesperrt. Zugleich wurde ihm angekündigt, dass er eine Frist von zwei Jahren bekäme, bis dahin müsse das Geld aber bezahlt sein. Er gestand aber nicht, dass er ein Königssohn sei, weil er sich so sehr schämte.

Nachdem nun ein Jahr vorüber war und der älteste Prinz nicht wiederkehrte, machte sich der zweite auf den Weg. Auch ihm begegnete zu Beginn des Waldes der alte Bettler und bat auch ihn um ein Almosen. Doch auch der zweite Prinz fing wie sein Bruder an zu schelten und den Bettler zu beschimpfen. Er ritt weiter, bis er zu dem Wirtshaus mitten im Wald kam. Dort stieg er ab, ließ sich Essen und Trinken schmecken. Wieder kamen die schönen Mädchen und spielten mit ihm Karten. Auch er verlor sein ganzes Geld, auch er machte Schulden, so dass er gleich wie sein Bruder in den Schuldturm geworfen wurde.

Als nun wieder ein Jahr vorüber war und auch der zweite Prinz nicht wiederkehrte, wollte der Jüngste, welcher Karl hieß, sich aufmachen, um den Garten zu suchen. Aber der Vater wollte ihn nicht ziehen lassen, er fürchtete, es würde ihm ein Unglück zustoßen wie seinen Brüdern, denn er meinte nicht anders, als dass diese umgekommen seien. Weil aber Karl ihm keine Ruhe ließ und tagaus, tagein seine Bitte wiederholte, gab es der Vater endlich zu und ließ ihn abreisen.

Nun schlug er dieselbe Straße ein wie seine Brüder und kam zu dem großen Wald. Es dauerte nicht lange, da begegnete ihm der alte Bettler und sprach ihn um eine Gabe an. Sogleich griff er in seine Tasche, gab dem alten Mann ein paar Goldstücke, unterhielt sich freundlich mit ihm und erzählte ihm auch, weshalb er diese Reise unternommen habe. Da sprach der Alte: »Es wird dir schon gut gehen, nur hüte dich und kaufe kein Galgenfleisch.« Der Prinz aber wusste nicht, was der alte Mann damit sagen wollte, und ritt weiter, bis er endlich auch an das Wirtshaus kam. Da nötigte der Wirt ihn mit schönen Worten, dass er doch einkehren und sich ein wenig ausruhen möchte. Allein er ließ sich nicht verleiten und aufhalten, sondern setzte ohne Unterbrechung seine Reise fort.

Nach langer, langer Zeit kam er endlich in ein Land, in welchem er nur lauter Affen antraf, aber nirgends war ein Mensch, noch eine Stadt, noch ein Dorf zu sehen. Nachdem die Affen ihn gefragt hatten, was er wolle, und als er es ihnen gesagt, brachten sie ihn zu ihrem Affenkönig. Dieser nahm den fremden Prinzen freundlich auf und sagte ihm genau, wo er den Garten finden und wie er in denselben hineinkommen könne. »Mittags um elf Uhr wird eine goldene Brücke niedergelassen, über die wirst du in den Garten gelangen. Rechts und links liegen zwei mächtige Löwen, aber die schlafen von elf bis zwölf und können dir nichts tun. Während dieser Zeit musst du einige Früchte in dem Garten pflücken und noch vor Schlag zwölf wieder draußen sein. Sonst kostet es dich dein Leben. Bringst du aber die Früchte glücklich aus dem Garten, so wirst du nicht bloß deinen Vater wieder gesund machen, sondern wirst auch mich und mein ganzes Königreich nebst allen Bewohnern erlösen. Denn wir sind alle miteinander verwünschte Menschen.« Dies sagte ihm der Affenkönig.

Da machte sich der Prinz sogleich auf den Weg und kam auch richtig zu dem Garten. Dort wartete er, und als es elf Uhr schlug, wurde eine goldene Brücke über den tiefen Graben herabgelassen. Sogleich schritt er hinüber und sah drüben die zwei grimmigen Löwen, diese schliefen aber ganz fest. Dann trat er in den Garten und konnte sich nicht satt sehen an den schönen Früchten, die auf allen Bäumen glänzten. Mitten in dem Garten stand ein prächtiges Schloss, dieses betrat er und erblickte im ersten Raum eine so wunderschöne Jungfrau, wie er noch keine gesehen. Da diese gar freundlich gegen ihn war, dauerte es nicht lange, da herzten und küssten sich die beiden und hatten sich lieb wie Mann und Frau.

Aber plötzlich war die Schöne aus seinen Armen verschwunden und war nirgends mehr zu sehen. Der Prinz sah nach der Uhr, da war es Viertel vor zwölf. Schnell schrieb er auf ein Blatt Papier, welches auf einem Tisch lag: »Ich heiße Karl und bin der jüngste Sohn des Königs von England. Wenn die junge Frau in diesem Schlosse ein Kind bekommt, so bin ich der Vater.« Dann lief er in den Garten, brach einige Früchte ab und eilte, dass er über die Brücke kam. Und wie er eben drüben war, schlug die Uhr zwölf und sogleich wurde die goldene Brücke hochgezogen.

Er ritt nun rasch zurück und kam bald in die Gegend, in der er den Affenkönig verlassen hatte. Wie dieser ihn kommen sah, zog er ihm entgegen und kaum hatte der Prinz ihm einige von den Früchten gegeben und er sie genossen, so stand er wieder da als ein ordentlicher Mensch. Zu gleicher Zeit wurden auch alle seine Untertanen wieder in Menschen verwandelt und die Städte und Dörfer, die versunken waren, stiegen aus der Erde hervor und alles war wieder so, wie es vorher gewesen. Die Freude und der Jubel wollten kein Ende nehmen. Jeder wollte den Prinzen sehen und sich bedanken. Der König bot an, ihm zu geben, was er sich nur wünsche, und wenn es sein Königreich sei. Allein er wollte nichts nehmen und eilte weiter, um nun auch seinen Vater von der Krankheit zu erlösen.

Wie nun Prinz Karl ohne sich aufzuhalten seiner Heimat zuritt, kam er eines Tages zu einer Stadt. Dort sah er zwei schwarze Fahnen auf dem Turm wehen und er fragte, was das zu bedeuten habe. Da erzählte ihm ein Mann: »In einem benachbarten Wirtshause haben zwei fremde Prinzen so viel Schulden gemacht, dass sie morgen aufgehängt werden, weil sie nicht zahlen können und nicht sagen wollen, wo sie herkommen.« Da fragte Prinz Karl: »Kann sie denn niemand retten?« »Oh ja«, sagte der Mann, »wenn einer ihre Schulden bezahlen will, so wird man sie schon loslassen.« Da besann sich Karl nicht lange und bezahlte sogleich die Schulden der Gefangenen. Diese wurden frei und zogen mit ihm zur Stadt hinaus in den Wald. Karl aber sah sogleich, dass die Gefangenen seine Brüder waren, doch diese hatten ihn nicht erkannt.

Als sie nun eine gute Strecke miteinander gewandert waren, konnte Karl sich nicht mehr halten und gab sich seinen Brüdern zu erkennen. Er erzählte ihnen alles, wie er den Garten mit den herrlichen Früchten gefunden, den Affenkönig mitsamt seinem Reiche erlöst habe und nun auch bald ihrem Vater Hilfe bringen würde. Dies hörten die beiden Brüder mit heimlichem Neid und fassten böse Gedanken in ihren Herzen. Wie sie bald darauf an eine tiefe Grube kamen, packten sie den Bruder und warfen ihn hinein. Stachen sein Pferd tot, nahmen die Früchte und zogen fort, bis sie zu ihrem Vater kamen.

Da war die Freude groß, als er hörte, dass sie den Garten gefunden und Früchte daraus mitgebracht hatten. Als sie ihm aber sagten, dass ihr jüngster Bruder umgekommen sein müsse, weil sie sein Pferd unterwegs tot gefunden, da jammerte der Vater und war untröstlich, denn seinen jüngsten Sohn hatte er ganz besonders lieb gehabt. Von seiner Krankheit wurde er geheilt, sowie er nur ein wenig von den Früchten gegessen hatte.

Nachdem Karl lange Zeit in der Grube gesteckt und umsonst versucht hatte, daraus hervorzusteigen, und schon glaubte, er werde elendiglich verhungern müssen, hörte er eines Tages eine Stimme: »Prinz, was machst du da unten?« Nun erzählte Karl, wie seine Brüder ihn in dieses Loch geworfen, und bat, dass der Mann ihm doch heraushelfen möge. Da sprach dieser: »Ich bin der Bettler, dem du die Goldstücke geschenkt. Habe ich dir nicht gesagt, du sollst kein Galgenfleisch kaufen? Ich will dich retten unter der Bedingung, dass du nicht in deine Heimat, sondern in ein anderes Land ziehst.« Dies versprach ihm der Prinz. Dann half ihm der Mann aus der Grube und wünschte ihm, als er weiterging, Glück auf den Weg. Karl begab sich in eine abgelegene Gegend, verdingte sich bei einem Bauern und hütete die Schweine.

Eines Tages, als der Prinz mit der Schweineherde im Felde war, kam ein stattlicher Wagen dahergefahren, in diesem saß ein reicher englischer Kaufmann. Dieser erkundigte sich bei dem Sauhirten nach Land und Leuten und merkte bald aus den Antworten, dass der Hirte ein kluger junger Mann war und wohl einem höheren Stande angehörte. Er beredete ihn, dass er seine Schweine verlassen, mit ihm fahren und Kaufmann werden solle. So fuhr Karl mit ihm nach England zurück. Dem Kaufmann aber war er so lieb, dass er ihn an Kindesstatt annahm und ihm sein ganzes Vermögen vermachte, denn er hatte selbst keine Kinder.

Nicht lange nachher geschah es, dass die schöne junge Frau, welche der Prinz in dem Garten getroffen und so lieb gewonnen hatte, einen Sohn bekam. Und so war die Frau, welche eine Prinzessin war, auch erlöst. Sie war so lange in das Schloss verwünscht worden, bis ein fremder Prinz sie besuche und ihr einen Sohn schenke. An dem Zettel aber, den der Prinz geschrieben, erkannte sie, dass der jüngste Sohn des Königs von England der Vater ihres Kindes war. Da ließ sie ein mächtiges Kriegsheer rüsten, führte es selbst an und machte sich mit ihrem Kind auf den Weg nach England. Als sie dort ankam, zog sie geraden Weges auf die Hauptstadt zu und lagerte sich eine Stunde weit vor derselben. Die Straße bis zur Stadt aber ließ sie mit scharlachrotem Tuch belegen, schickte ihre Abgesandten zum König und ließ seinen jüngsten Sohn zu sich entbieten, denn sie betrachte ihn als ihren rechtmäßigen Gemahl. Da entstand ein Jammern und Wehklagen in der Stadt, weil der Prinz nicht wiedergekommen war. Der König aber schickte seinen ältesten Sohn hinaus, um mit der Prinzessin zu reden. Wie dieser nun neben der Scharlachdecke herritt, ritt ihm die Prinzessin mit eingelegter Lanze entgegen, hieß ihn weichen und heimgehen. Da schickte der König den zweiten hinaus, und auch dieser ritt neben der roten Decke her. Die Prinzessin aber hielt ihm den Speer entgegen und befahl, dass der jüngste Prinz kommen solle, wenn nicht, so werde sie nach drei Tagen die Hauptstadt von allen Seiten anzünden lassen.

Nun schickte der König in alle Gegenden reitende Eilboten, die sollten Erkundigungen über den Prinzen einziehen. Dies hörte auch der reiche Kaufmann, der beredete den Prinzen, dass er sogleich mit ihm zur Hauptstadt reise. Er sagte aber nicht, was er mit ihm im Sinn hatte. Wie sie nun in der Residenz angekommen waren, ließ der Kaufmann sich beim König melden und entdeckte ihm seine Vermutung, dass sein Pflegesohn wohl der verlorene Prinz sein möge. Da begleitete der König sogleich den Kaufmann ins Wirtshaus – und ihr könnt euch denken, wie der alte Vater sich freute, als er seinen jüngsten Sohn wiedersah und ihn umarmen und küssen konnte.

Am andern Morgen ritt nun der Prinz in königlichen Kleidern ins Lager der Prinzessin. Er ritt aber mitten auf der Schar-

lachdecke hin. Wie die Prinzessin ihn kommen sah, kam sie ihm
mit ihrem Kind entgegen, und da wollte das Herzen und Küssen
und der Jubel in dem Heer gar nicht wieder aufhören. Dann zog
Prinz Karl mit seiner Gemahlin zu seinem Vater und erzählte alles, was ihm begegnet war und wie die Brüder ihn hatten umbringen wollen. Da wurden die zwei gottlosen Prinzen von acht
Stieren in Stücke gerissen. Karl aber wurde König von England
und lebte glücklich mit seiner Gemahlin bis an sein Ende.

Herrscher, Bürger, Ritter und Räuber

Die Welfensage

Zu der reichen Welfengräfin in Altdorf im Schussengau kam einstmals ein Bettelweib und bat um eine milde Gabe für ihre hungernden Kinder. Da fuhr sie die stolze Welfin hart an und sagte zu ihr: »Wenn du keine Kinder verhalten kannst, so hättest du halt auch nicht heiraten sollen!« Das verdross die arme Frau und sie wünschte der Gräfin, dass sie zwölf Kinder auf einmal bekommen solle. Und so geschah es auch. Indes weil der Graf zu dieser Zeit auf der Jagd war, beschloss die Gräfin, es vor ihm zu verheimlichen. Sie schickte ihre Magd mit elf der Knaben an den Bach, sie solle die Neugeborenen dort ertränken.

Nun traf es sich, dass der Graf eben von der Jagd zurückkam, als er der Magd begegnete. Er fragte sie, was sie in ihrem Korb habe. Die Magd antwortete: »Ich will hingehen und junge Welfen (das heißt Hunde) in der Schussen ertränken.« Da öffnete der Graf den Korb und erfuhr den Handel. Er ließ die elf Knäblein zu braven Müllersleuten bringen, damit sie dort aufgezogen würden. Der Magd aber gebot er, der Gräfin zu melden, sie habe ihren Auftrag ausgeführt.

Wie nun die Knaben das siebente Jahr erreichten, veranstaltete ihr Vater ein großes Fest, zu dem viele vornehme Gäste geladen waren. Da brachte der Graf während des Mahles wie zufällig das Gespräch auf todeswürdige Verbrechen und fragte dabei die Gräfin, welche Strafe eine Mutter verdiene, die elf ihrer Kinder umgebracht habe. Da sagte die Falsche: »Ei, die verdiente, dass sie lebendig in Öl gesotten würde.« – »So hast du dein Urteil selbst gesprochen!«, erwiderte der Graf und ließ die Türe zu einem Seitengemach öffnen, aus dem nun die elf Knaben heraustraten. Darauf erzählte er die Geschichte seinen Gästen. Die Gräfin fiel ihrem Mann zu Füßen und bat um Gnade. Da auch die Kinder für ihre Mutter eintraten, schenkte ihr der Graf das Leben. Dem zwölften Sohne aber, den die Gräfin zurückbehalten, gab er den Namen Welf.

Heinrich mit dem goldenen Pflug

Eticho der Welf liebte die Freiheit dergestalt, dass er seinem Sohne Heinrich heftig abriet, je von dem Kaiser Land zu Lehen zu nehmen. Heinrich aber, dessen Schwester mit Ludwig dem Frommen vermählt war, ließ sich durch Zureden bestimmen, in des Kaisers Schutz und Dienst zu treten, und erwarb von dem Herrscher die Zusage, dass ihm so viel Land geschenkt sein solle, als er mit seinem Pflug zur Mittagszeit umgehen könne. Heinrich ließ darauf einen goldenen Pflug schmieden, den er unter seinem Kleid verbarg, und um die Mittagszeit, da der Kaiser einen Schlaf hielt, zog er aus. Er hatte aber zuvor an verschiedenen Orten flinke Pferde aufstellen lassen, auf dass, wenn das eine ermüde, er gleich wieder ein ausgeruhtes besteigen könne. Und so sprengte er mit seinem Pflug unterm Wams dahin. Zuletzt, wie er eben einen Berg überreiten wollte, kam er an ein böses Mutterpferd, das gar nicht zu bezwingen war, so dass er es nicht besteigen konnte, daher der Berg bis auf den heutigen Tag Mährenberg heißt. Mittlerweile war der Kaiser aufgewacht und Heinrich musste innehalten. Er ging mit seinem Pflug an den Hof und erinnerte den Kaiser an sein Wort. Dieser hielt es auch, wiewohl es ihm Leid tat, dass er so überlistet und um ein großes Stück Land gebracht worden war. Seitdem führte Heinrich den Namen eines Herrn von Ravensburg, denn Ravensburg lag in dem umgepflügten Gebiet. Seine Vorfahren hatten bloß die Herren von Altdorf geheißen.

Als nun Eticho hörte, dass sich sein Sohn habe belehen lassen, machte er sich traurig auf, Schwaben zu verlassen, und zog über Land – und niemals mehr wollte er seinen Sohn Heinrich sehen.

Warum die Schwaben an der Spitze des Reichsheeres fechten durften

Die Schwaben besaßen von alten Zeiten her unter allen Völkern des deutschen Reiches das Recht, an der Spitze des Heeres zu kämpfen. Das stammte noch von Karl dem Großen, als der schwäbische Herzog Gerold in der blutigen Schlacht von Runzefalt vor dem Kaiser aufs Knie fiel und diesen Vorzug als der Älteste im Heer verlangte. Seitdem standen die Schwaben an der Spitze.

Andere führen dieses Recht auf die Einnahme Roms zurück, als die Schwaben dem Kaiser Karl tapfer beistanden, wieder andere auf die Eroberung Mailands, wobei der schwäbische Herzog das kaiserliche Banner getragen und dadurch das Vorrecht erworben haben soll.

Die heilige Hildegard
auf dem Bussen

Auf der Burg, die einst den alten Schwabenberg an der oberen Donau, den Bussen, krönte, hauste vor mehr als 1000 Jahren Gerold, Herzog von Schwaben. Von seiner Schwester Hildegard, die mit dem mächtigen Kaiser Karolus vermählt war, weiß die Sage manches zu erzählen.

Einst war sie auf ihrem Heimatberg zu Besuch, während ihr Gemahl und ihr Bruder gegen die Feinde des Reiches im Felde standen. Da versuchte ihr Kammerherr Taland, der Stiefbruder ihres Mannes, ihrer Tugend nachzustellen. Die edle Frau verwies dem Falschen mit strengen Worten öffentlich sein Ansinnen. Das verdross den stolzen Mann. Er schickte Briefe an seinen Bruder, den Kaiser, und verleumdete Hildegard. Karl schenkte ihm Glauben und sandte Befehl, die pflichtvergessene Frau, auf welche Weise es auch sei, aus der Welt zu schaffen.

Taland beeilte sich, des Kaisers Willen zu erfüllen. In der Nacht rissen seine Knechte die Unglückliche aus dem Schlummer, schleppten sie die steile Höhe des Berges hinab an die Donau und warfen sie von der Brücke, die hier über den Strom führt, in die Fluten hinunter. Nach vollbrachter Tat kehrten sie in die Burg zurück und meldeten dem Gebieter, dass sein Befehl ausgeführt sei.

Hildegard aber war in ihrer Jugend von ihrer treuen Diene-
rin Rosina im Schwimmen wohl unterrichtet worden. So gelang
es ihr, sich heil und gesund ans Ufer zu retten. Fliehend eilte sie
hinweg, um ihren Feinden zu entgehen. Sie gelangte unerkannt
nach Buchau. Dort fand sie im Kloster ein Unterkommen. Niemand wusste ihre Herkunft. Durch ihr tugendhaftes Leben gewann sie bald den Ruf einer Heiligen und Kranke kamen von
nah und fern, um von ihr geheilt zu werden. Denn sie war kun-
dig wie keine im Kräuter- und Heilwesen.

Taland, ihr Todfeind, war indessen zur Strafe für seine Bos-
heit von unheilbarem Aussatz betroffen worden. Als er nun von
den Wundertaten hörte, die durch die fromme Klosterfrau in Buchau geschahen, da kam er auch nach Buchau und suchte Hilfe
bei der Heiligen. In ihrer Klostertracht erkannte er Hildegard
nicht. Sie aber erkannte ihn wohl und wies ihn zuerst streng ab.
Erst als er einem Priester reumütig seine böse Tat gebeichtet hatte, war sie bereit, ihm zu helfen. Sie reichte dem Büßenden eine
Salbe, die nur sie zu bereiten verstand, und in kurzer Zeit war Ta-

land von seinem Aussatz genesen. Kaiser Karl, der Gemahl der verstoßenen Hildegard, war hocherfreut über die Heilung seines Stiefbruders und kam selbst nach Buchau, um der wundertätigen Klosterfrau seine Gnade zu beweisen. Hildegard erschien tief verschleiert vor dem Herrscher. Er jedoch wünschte, sie unverhüllt zu sehen. Da erkannte Karl die totgeglaubte Gemahlin. Schluchzend fiel er ihr zu Füßen und bat um Verzeihung. Den bösen Stiefbruder aber verbannte er auf eine Insel im Wendenmeer. Er selbst lebte noch manches Jahr glücklich mit der wiedergefundenen Gemahlin.

Zum Dank dafür, dass Gott ihre Unschuld an den Tag gebracht hatte, stiftete die fromme Hildegard ein Kloster im Allgäu.

Gräfin Adelindis

Südlich von Buchau liegt der Überrest eines alten Kirchleins. Die Sage erzählt, es habe vor uralten Zeiten eine Gräfin Adelinde in der Umgegend gewohnt, welche die Kapelle gestiftet habe. Damals, als die Hunnen bis in diese Gegend gekommen seien, kam es zu einer furchtbaren Schlacht. Auch der Gemahl Adelindes sei in den Kampf gezogen und gefallen.

Bevor er Abschied nahm, gab er seiner Frau das Versprechen, dass er wiederkäme, entweder lebendig oder als Geist. Als er lange Zeit nicht zurückkam, zog die Gräfin mit ihrem Gefolge ihm entgegen. In tiefer Sehnsucht rief sie:

>»Windle, Windle wehe,
>bis dass ich meinen Herrn wieder sehe!«

Und siehe, im selben Augenblick erschien ihr ein Reiter hoch zu Ross, sein Haupt auf einem weißen Teller tragend. In tiefem Schrecken rief die Gräfin:

»Windle, Windle wehe,
bis dass ich meinen Herrn nicht mehr sehe!«

Im selben Augenblick verschwand die Erscheinung. Dort, wo sich dieses zugetragen hat, ließ Adelinde ein Kirchlein bauen. So-oft man aber heute zwischen die noch stehenden Mauern tritt, geht dort ein leises, zartes »Windle«, auch wenn sonst die Luft stillsteht. Die Gräfin gründete das Kloster in Buchau und soll dessen Äbtissin geworden sein.

Nach der Chronik soll Adelinde die Tochter des schwäbischen Herzogs Hildebrand und mit dem Grafen Hatto vermählt gewesen sein. Mit ihm hatte sie drei Söhne, Beringer, Reginolf und Gerhard, und eine Tochter, Adelindis mit Namen.

Hermann der Lahme schreibt: »Im Jahre 902 wurden drei adelige Brüder Beringer, Reginolf und Gerhard, Söhne des Grafen Ato und der Adelindis, nicht weit vom Nonnenkloster Buchau, im alamannischen Eritgau, das ihre Mutter um jene Zeit zu Ehren der Heiligen Cornelius und Cyprian aufgerichtet hatte, von Feinden umzingelt und getötet, als sie ihre Schwester, die Nonne war, in der Absicht sie zu verheiraten, heimlich von da entführten.

Ihre Mutter ließ sie in der Nähe des Klosters selbst begraben. Dort beschloss auch sie selbst, nachdem sie Jerusalem und andere heilige Orte des Betens halber besucht hatte und zurückgekehrt war, selig ihr Leben, nur darauf bedacht, Gott zu dienen und für den Gewinn der Seelen zu sorgen, und wurde dort begraben, während ihre gleichnamige Tochter, die Nonne, dort zur Äbtissin bestellt wurde.«

Konradins Löwe

Als Herzog Konradin von Schwaben Abschied von seiner Mutter genommen hatte und nach Italien gezogen war, behielt sie seinen mit ihm aufgewachsenen Lieblingslöwen auf ihrem Schloss zu Ravensburg zurück. Nachdem lange Zeit keine Botschaft von Konradin eingetroffen war, kam der Löwe mit blutender Pfote aus dem Schlosshofe zu ihr und winselte sehr. Niemand vermochte die Ursache der blutigen Vordertatze zu erklären. Eine Woche später traf ein Eilbote ein und brachte die traurige Nachricht vom Tode des letzten Hohenstaufen in Neapel. Kon-

radin hatte sein Blut an demselben Tag und zur selben Stunde auf dem Schafott vergossen, als der Löwe erbärmlich winselnd seine blutige Vordertatze vorzeigte.

Seit dieser Zeit erhielt jeder der drei schwarzen Löwen im hohenstaufischen Wappen zum Gedächtnis an den Tod Konradins eine blutige Vordertatze.

Die Belagerung Ulms
im Jahre 1376

Am 4. Juli 1376 trafen »auf den Rat eines weisen Bürgermeisters von Ulm« die Gesandten von 14 Städten in Ulm zusammen und schlossen den schwäbischen Städtebund, in dem sie sich verbindlich machten, »einander beizustehen und behilflich zu sein gegen jedermann, der sie bekümmern, angreifen oder von ihren Rechten und Freiheiten drängen würde. Auch wenn eine Forderung geschehe von dem Kaiser, so solle keine Stadt darin handeln ohne die anderen Städte.« Kaiser Karl war sehr entrüstet über den angedrohten Ungehorsam. Um den Widerstand der Städte zu brechen, zog er Anfang Oktober 1376 mit einem starken Heer vor Ulm, begleitet von vier Bischöfen und vielen weltlichen Herren, auch dem Grafen Eberhard, der Greiner genannt. Er verheerte von Elchingen aus, wo sich auf einer Wiese gegen die Donau das Hauptlager befand, das Ulmer Gebiet. Da die Stadt nicht nachgab, schloss Karl IV. einen Waffenstillstand und brach nach Nürnberg auf.

Über diese Belagerung hat der Ulmer Chronikschreiber Sebastian Fischer Folgendes berichtet:

»Als man zählte 1376 Jahr, legte sich der Kaiser vor Ulm, und bei Elchingen schlug er seine Wagenburg auf. Als der Kaiser etliche Reiter und Grafen schickte gen Ulm, dass sie Herberge bestellen, wollten die von Ulm sie nicht einlassen, denn er kam nicht als Kaiser, sondern als Zerstörer ihrer Freiheiten. Als nun die vor den Kaiser kamen, ließ er die Stadt umlegen mit dem Adel, unter denen war Graf Eberhard von Württemberg; der sagte dem Kaiser, Ulm müsste ihnen eine Morgensuppe sein.

Da der Kaiser länger als einen Monat davor lag, rief er den Grafen zu sich und gebot, dass man alle Straßen absperre, damit man ihnen nichts zuführen könnte, und dass sie sich aus Hungersnot müssten ergeben. Als es aber die von Ulm vernahmen, dass in der Küche des Kaisers Mangel an Spezerei sei, schickten sie die Knechte und Mägde der Krämer mit Spezerei hinaus, und für die Küche des Kaisers gaben sie es umsonst, aber den andern verkauften sie die Spezerei und die andern Dinge. Als nun das vor den Kaiser kam und vor die Kaiserin, die auch gegenwärtig war mit einem jungen Kind, begehrte diese zu besehen die Stadt und ging also bei Elchingen auf den Berg. Da es die Ulmer vernahmen und inne wurden, sandten sie alsbald heimlich Schützen hinaus, die sie hinwegtrieben. Sobald sie zum Kaiser kam, fragte sie der, wie ihr die Stadt gefiel, antwortete sie: ›Das Nest war gut, aber die Vögel darin waren bös‹, und sagte, wie es ihr ergangen wäre. Der Kaiser hat sich der Keckheit dieser Bürger verwundert und rief zu sich einen Knecht, der die Spezerei aus der Stadt gebracht hatte, und fragte ihn, wer die Regierer dieser Stadt wären und wie sie hießen. Antwortete ihm der Knecht, sie wären Einwohner der Stadt und allezeit bereit, ihr Leben zu verlieren für den gemeinen Nutzen, und einer heißt Habfast, der andere Kraft, der dritte Besserer. Antwortete ihm der Kaiser: ›Wahrlich sind dies drei herrliche Namen, ist kein Wunder, dass sie sich auch unerschrocken erzeigen.‹

Alsbald begehrte der Kaiser von denen von Ulm einen Tag des Friedens auf einen Ort vor der Stadt, darauf man stechen und scharf rennen möchte, darein die von Ulm willigten. Und da war einer aus der Stadt, genannt Ströle, der stach alle, die auf des Kaisers Seite waren, von den Pferden. Und die von Ulm hatten auch verordnet, dass alle Bäcker das Brot noch einmal so groß backen sollten als vorher, und wer also aus der Stadt gehen wollte, es wäre Mann oder Frau oder Kinder, die sollten es tun;

und hatten verordnet, dass eines jeglichen Kind, es wäre reich oder arm, so es aus der Stadt gehen wolle, das Turnier zu sehen, ein Pfennigbrot in seine Hand gegeben werde.

Als nun die auf des Kaisers Seite waren, erkannten, dass ein so groß Brot nur einen Pfennig galt, waren sie ganz kleinmütig und sagten es dem Kaiser, es wäre noch kein Mangel in der Stadt und zeigten ihm das Brot. Und des zu einem ewigen Gedächtnis ordneten die von Ulm, dass in ewiger Zeit künftighin eine Spende soll ausgegeben werden auf St. Johannis- und Paulstag allen Kindern, sie wären reich oder arm. Darnach bald hätten die von Ulm gern ein End gesehen und ordneten viel Flöße zusammen, und in der Nacht überfielen sie des Kaisers Volk, das ohne aller Sorge war und des Vorsicht hatte und brachten sie in eine Flucht und nahmen ihnen alle Büchsen und Zeug, die sie hinter sich ließen. Es hat sich auch darnach niemand mehr unterstanden, denen von Ulm ihre Freiheit zu nehmen. So ist die Belagerung der Stadt Ulm geschehen im Jahre 1376.«

Am 30. Juni 1377 legten die Ulmer den Grundstein zu ihrem gewaltigen Münster. Wahrlich, sie hatten viel Mut und Selbstvertrauen, diese Städter in jenen Zeiten!

Das Wahrzeichen auf dem Leprosenberg

In der Kirche auf dem Leprosenberg bei Wurzach ist eine Votivtafel angebracht. Darauf ist ein Jäger in roter Kleidung mit Schwert und altmodischer Büchse abgebildet. Ihm gegenüber sieht man Männer mit Laternen und Glöcklein in der Hand sowie einen Hund, der diese zu seinem Herrn hinzieht.

Der Jäger stellt den Grafen von Wurzach dar, als er einst im Wurzacher Ried in einen Sumpf geraten war. Sein Hund war zurückgesprungen, um Hilfe zu holen. Auf dem Leprosenberg hatte er die Kranken und Siechen gefunden, die dort versammelt waren. Er zerrte und zog an ihnen, um sie zu seinem Herrn zu bringen. Die Siechen wussten nicht recht, um was es sich handelte und was sie tun sollten. Aber der Hund des Grafen gab ihnen keine Ruhe und gebärdete sich so auffallend, dass sie ihm schließlich folgten. Da kamen sie zu dem im Sumpf eingesunkenen Grafen und bewahrten ihn im letzten Augenblick vor dem Untergang.

Kloster Ochsenhausen

Auf dem Hügel, auf dem sich das Kloster Ochsenhausen erhebt, stand im zehnten Jahrhundert ein Frauenkloster, das den Namen Hohenhausen geführt haben soll.

Einst flohen die Klosterfrauen beim Einfall der Hunnen nach Salzburg. Sie kamen nie mehr zurück. Ehe sie aber das Kloster verließen, vergruben sie alle ihre Schätze in einer Kiste auf offenem Felde. Das Kloster mit seinen Feldern kam an den Ritter Hatto von Wolfartsschwendi, der die Äcker durch einen Pächter bebauen ließ. Als dieser um das Jahr 1099 einen der Äcker pflügte, vernahm er unter den Hufen seines Ochsen ein sonderbares Geräusch. Er ging der Sache nach und stieß auf die Kiste der Klosterfrauen. Man öffnete sie und die Schätze waren alle unversehrt vorhanden. Der Pächter, der Ritter mit seiner Familie sowie die zahlreich herbeieilenden Leute aus der Umgebung sahen den Fund als einen Wink des Himmels an.

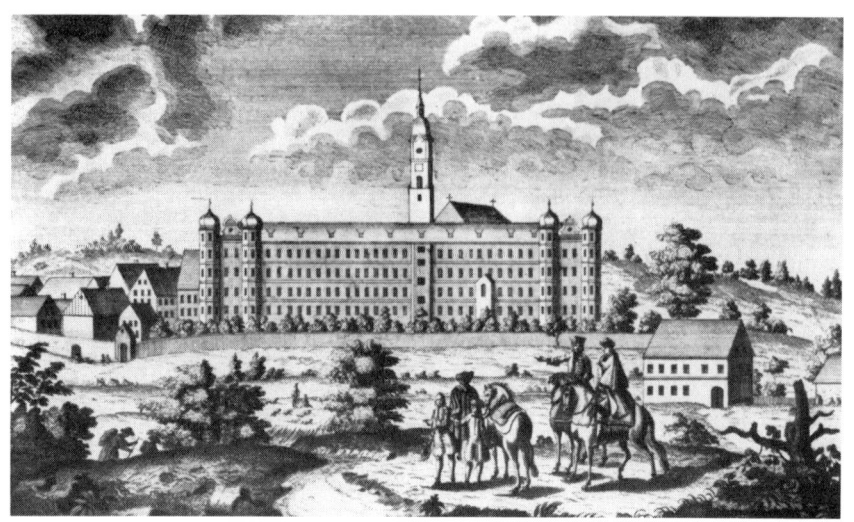

An der Stelle, wo der Fuß des Ochsen den Schatz angezeigt
hatte, entstand eine Kirche und daneben ein neues Kloster. Als
Wahrzeichen wurde beim Eingang ein Ochse mit aufgehobe-
nem Fuß in Stein gemeißelt.

Der Abt von Obermarchtal
und die Nonnen

Zwischen Ehingen und Riedlingen, da, wo die Lauter von der
Alb herab in die Donau fließt, liegt auf prominentem Hügel der
anderen Uferseite das alte, einst fürstliche Prämonstratenser-
Reichsstift Obermarchtal, in dessen dazugehörigem Dorf die
Bauernhäuser teilweise heute noch nach Heiligen benannt sind.
    Auch hier war ursprünglich, wie in Zwiefalten, gleichzeitig
ein Nonnenkloster etabliert gewesen, das aber schon 1273 aufge-

hoben werden musste. Die Worte, mit denen der damalige Abt den Beschluss begründete, sind so erfrischend unhöflich, dass sie wert sind, über die Jahrhunderte hinweg wieder einmal zitiert zu werden: »Weil die Schalkheit der Weibsleut alle anderen Leichtfertigkeiten übertrifft und kein Zorn über Weibszorn geht, und weil wir gefunden, daß das Ottern- und Drachengift noch gelinder und heilbarer für den Menschen ist als der vertraute Umgang mit Weibsleuten, so haben wir beschlossen, sowohl für die Wohlfahrt der Seelen als der Leiber und unserer Güter künftighin Sorge zu tragen, wollend, daß wir übrigens keine von den Schwestern mehr zur Vermehrung unseres Verderbens auf nemen, sondern dieselben als vergiftete Wesen abweisen.«

Sie müssen sich nett aufgeführt haben, diese Marchtaler Nonnen. Befreit von dem verderblichen Umgang mit den vergifteten Wesen ist das Kloster dann tatsächlich rasch aufgeblüht, hat zehn Pfarrdörfer in seinen Machtbereich gebracht und um das Jahr 1500 ein jährliches Einkommen von über 100 000 Gulden nachweisen können, worauf es zur gefürsteten Reichsabtei erhoben wurde, eine Ehre und ein Privileg, wie sie nur einem mit irdischen Gütern reich gesegneten Kloster zuteil werden konnten.

Der Bürgermeister von Buchau auf dem Reichstag

Wie bekannt, war die Stadt Buchau am Federsee ehemals die kleinste Reichsstadt im schwäbischen Kreis. Und da die Bürgermeister der freien Städte ebenso wie die zahlreichen weltlichen und geistlichen Fürsten des Reiches Sitz und Stimme im Reichstag hatten, so wollte auch Buchau nicht minder als Augsburg,

Ulm oder Straßburg sein Recht und seine Ehre behaupten und im Rate nicht fehlen. Bisher hatte es sich immer durch andere Städte vertreten lassen.

Als nun im Jahre 1529 der mächtige Kaiser Karl V. einen Reichstag in Speyer ausschrieb, da beschlossen die Buchauer, diesmal einen eigenen Vertreter ihres Gemeinwesens dorthin zu senden. Sie erwählten dazu ihren Bürgermeister, seines Zeichens ein Fischer. Er solle auf Kosten der Stadt nach Speyer reisen und sehen und hören, wie es da zuging und was da ausgemacht werde. Da nun der gute Mann seinen Mitbürgern die Auslagen ersparen wollte, machte er sich auf, nahm ein Säcklein mit Wegzehrung unter den Arm, den Stock in die Hand und wanderte zu Fuß den weiten Weg von Buchau am Federsee nach Speyer am Rheinstrom. Daselbst zog er in seiner schlichten Weise als wandernder Reichsbote ein, während die Abgesandten der anderen Reichsstädte hoch zu Ross mit prunkvollem Wesen ihren Einzug hielten. Und man wollte sich kranklachen über den braven Mann, der treuherzig an seine vornehmen Kollegen sich anschloss, indem er ja als Bürgermeister von Buchau so gut als jene vor Kaiser und Reich zu erscheinen berechtigt war. Ja, man nannte ihn in Speyer nur »Apostel«, weil er zu Fuß die weite Reise gemacht hatte.

Als nun die Fürsten des Reiches und der Kaiser so lange auf sich warten ließen und Wochen vergingen, bis der Reichstag vollzählig beisammen war, wurde dem Buchauer Bürgermeister die Zeit zu lang, da es mit seinem Beutel ohnehin knapp bestellt war. Er machte sich also eines schönen Tages unbemerkt davon und pilgerte die Straße, die er gekommen, wieder zurück. Müde und mit Staub bedeckt, kam er glücklich wieder in seiner Vaterstadt an und hatte, weil es so warm war, die Strümpfe und Hosen ausgezogen und über die Schulter gehängt. Vom Reichstag hat er nichts gesehen und es gelüstete ihn auch nicht mehr danach.

Der starke Ritter

Von unglaublicher Stärke war Hans Truchsess von Waldburg.
Er vermochte ein gewöhnliches Hufeisen nur mit den Händen
auseinander zu biegen; desgleichen gelang es ihm, einen Hufna-
gel mit dem Daumen in ein tannenes Brett einzudrücken.

Deshalb verbargen die Schmiede zu Meßkirch, wenn sie den
Truchsess erblickten, ihre Hufnägel vor ihm, weil es schon vor-
gekommen war, dass der starke Ritter vor lauter Übermut so vie-

le Nägel, wie er erwischen konnte, in Holzläden eindrückte. Er trug einst eine Wasserbütte in ein Haus, die war so schwer, dass drei starke Männer genug damit zu tun hatten, sie wieder herauszuschaffen.

Das Votivbild an dem Schloss von Sigmaringen

Über dem Portale des Schlosstores der alten Sigmarsburg in Sigmaringen sieht man das steinerne Bild der Gottesmutter, welche den Leichnam ihres Sohnes im Schoße hält; daneben kniet ein Ritter mit entblößtem Haupte und mit zum Gebete gefalteten Händen. Es ist dies ein Sühnenbild, welches sich auf folgende blutige Tat bezieht:

Auf der Sigmarsburg und dem benachbarten Heiligenberg wohnte zur Zeit des Kaisers Maximilian der Graf Felix von Werdenberg und, nicht weit davon, auf der über der Donau gelegenen Burg Scheer aber Graf Andreas von Sonnenberg. Beide standen hoch in des Kaisers Gunst. Allein als dieser zur Hochzeitsfeier des Herzogs Ulrich von Württemberg mit der Herzogin Sabina von Bayern den Grafen Eitel-Fritz von Hohenzollern, den Grafen Sigismund von Lupfen und den Werdenberger als Gesandte abgeschickt hatte, da ergrimmte der Sonnenberger. Er beneidete den Werdenberger so sehr, dass – als diesem die Ehre zuteil wurde, die Braut zum Altar und Vortanz zu führen – er laut seinen Feind seiner kleinen Gestalt wegen beim Vorübergehen verspottete. Als ihn der Werdenberger darüber nachher zur Rede stellte, sprach er: »Was willst du Studentlein mir wohl anhaben? Legte ich dir meinen Finger zwischen deine Zähne, würdest du doch nicht den Mut haben zuzubeißen!« Zwar duldete der Werdenberger für den Augenblick den bitteren Hohn, allein er sann auf Rache.

Der Graf von Sonnenberg hatte in Oberschwaben an der Donau ein Felsenschloss, Bussen genannt, wohin er oft des Vogelfanges wegen zu reiten pflegte. An einem schönen Maimorgen hatte der Sonnenberger sich dahin auf den Weg gemacht und der Werdenberger hatte Kunde davon erhalten. Er versteckte sich mit einigen Knappen in der Nähe der Donau in einem Dickicht, und als der nichts ahnende Graf von Sonnenberg vorüberkam, überfiel er ihn. Ohne ihm Zeit zur Beichte zu lassen, ermordeten ihn des Werdenbergers Leute mit zwanzig Stichen.

Zwar ging der Mörder wegen des Kaisers Vorliebe für ihn straflos aus, zwar versuchte er durch Buße den Zorn des Himmels zu mildern, allein bald darauf traf ihn zu Augsburg das Strafgericht Gottes. Eines Morgens fand man ihn plötzlich in seinem eigenen Blute erstickt. Da er ohne Beichte und Absolution gestorben war, hat man ihm jenes Votivbild am Tor der Sigmarsburg errichtet.

Die Bilderstürmer in Biberach

In Biberach war nach dem Vorbild Ulms die Lehre Zwinglis angenommen worden. Die bedeutendsten Reformatoren kamen nach Biberach: Ökolampadius, Bucer und Blarer. Namentlich wurden Blarers Predigten viel und gern besucht. Ökolampadius predigte am 29. Juni 1531 in der Pfarrkirche: »Nach der Lehre des Urchristentums sollen die Tempel schmucklos sein, ohne Bilder und Heiligenfiguren, damit das Herz beim Beten vom Äußerlichen sich abwende und in Gott und Christus sich vertiefe.«

Noch am gleichen Tage erfolgte hier die Bilderstürmerei. Von 38 Altären in der Pfarrkirche blieb nur einer im Chor stehen. Die Messgewänder wurden aus der Kirche genommen, die Marien- und Apostelstatuen entfernt, ebenso die Ampeln, die täglich gebrannt hatten, und die Messbücher, von denen acht zusammen siebenhundert Pfund Heller gekostet hatten. In der Kirche stand auch ein silberner Sarg, der einst von einem Brandenburger gestiftet worden war. Dieser und mehrere silberne und goldene Monstranzen, silberne Messkännchen mit Tellern, eine Anzahl Kelche und Rauchfässer wurden um achthundertsechzig Gulden verkauft. Aus den Altarglöcklein machte man Wirtshaus- und Hausglocken. Den Palmesel samt dem Herrgott stellte ein Bader auf seine Kornbühne an den offenen Laden. Später verbrannte er ihn. Der angerichtete Schaden ist auf 41 860 Gulden veranschlagt worden. An Kapellen wurden zerstört: die Sankt-Wolfgangs-Kapelle mit Wandmalereien samt dem daneben stehenden Bruderhäuschen; die Kapelle zum heiligen Kreuz vor dem Grabentor; die Leonhards-Kapelle vor dem Oliventor; die Kapelle zu Unseres-Herrn-Ruh an der Abzweigung des Weges zur Angermühle; die Sankt-Nikolaus-Kapelle wurde ausgeraubt und zuerst zu einer Steinhauerhütte, dann zu einer Bierbrauerhütte gemacht; die obere und untere Kapelle auf dem Kirchhof wurde abgebrochen; in der oberen Kapelle waren 30 Gemälde vom Leiden Christi, in der Siechenkirche eine schöne Historie von Maria Magdalena.

In allen Kirchen und Kapellen, die erhalten blieben, an der Kirchhofmauer, am Beinhaus, an den vier Toren, am Turm mitten in der Stadt, dem Bürgerturm, wurden die Gemälde zerstört und weggewischt. Auch in den Ortschaften wurden alle Stationen und Bilder vernichtet.

Dieser rohen Zerstörungswut, unter der wohl manches bedeutende Kunstwerk vernichtet wurde, trat bekanntlich Luther in Wittenberg mit allem Nachdruck und Eifer entgegen.

Der Schwedenkönig in Ulm

Ich ließ mir einmal von einer Base in Ulm diese Geschichte erzählen: Während des Schwedenkrieges sei der Schwedenkönig nach verlorener Schlacht in der Herberge der Schreiner eingekehrt, flüchtig, in Bauernkleidern. Er habe sich in die Wirtsstube gesetzt, die voll von Österreichern war. Eine Kellerjungfer habe den Bauern gefragt, warum er so traurig dasitze, während doch alles so jubiliere, weil die Österreicher gesiegt hätten. Er gab ihr einen Wink, ihn nicht weiter zu fragen, er wolle ihr's dann schon sagen. Er sagte ihr nachher, er wäre ein Schwede und wolle in sein Lager und wisse nicht, wie er durch die Feinde kommen solle. Die Kellerjungfer nahm den Schweden mit in ihre Kammer und erzählte ihm, sie hätte einen Liebhaber im schwedischen Lager und nannte dessen Namen. Auf den Abend wolle sie reisende Schreinerburschen gewinnen, mit denen er glücklich durchkäme.

Des Abends kamen wirklich Schreiner, die zu Mitwissern gemacht wurden. Der Schwedenkönig zog Kleider von ihnen an und nahm den Ranzen auf den Buckel. Die Burschen marschierten zur Stadt hinaus und zogen durchs Tor, dem schwedischen Lager zu, wo sie glücklich anlangten. Der König, jubelnd aufgenommen, entließ seine Begleiter mit Geschenken. Die Kellerjungfer wurde besonders gut bedacht. Ihr Liebster wurde alsbald zum König gerufen und ihm angekündigt, dass er beför-

dert werde und seine Ulmerin heiraten könne. Zum ewigen An-
denken hätte, so berichtete die Base weiter, die ehrsame Schrei-
nerzunft den Schwedenkönig in Holz schnitzen lassen und das
Bildnis in ihrer Herberge aufgestellt, allwo das Bild blieb und
nicht hinweggenommen werden dürfe.

Der wilde Ritter

Im Lauratale, gegenüber der Zundelbacher Halde, zwischen der
dritten und vierten Brücke, unweit der so genannten Triller-
steig, mitten im Walde Haslach, früher Mosenberg genannt,
stand hoch droben die »Haslachburg«, von der noch Wall und
Gemäuer zu entdecken sind. Unten im Tale, in ziemlicher Entfernung von der Haslachburg, ragt an dem vom gefräßigen
Zahn der Scherzach benagten Ufer, hart bei der durch den Wald
führenden Fahrstraße, der so genannte »Große Stein« empor.
An diesen knüpft sich folgende Sage: Ein junger Ritter von Wildeneck auf der Haslachburg liebte das Ritterfräulein einer benachbarten Burg gar sehr – ohne von ihr erhört zu werden. Die
Jungfrau gab ihre Hand einem andern. In der Nacht des Hoch-
zeitsfestes stieg der von Wildeneck mit einer Schar in die Burg,
drang ins Brautzimmer, ermordete den Bräutigam und entführte die Braut. Im Tal bei dem Stein angekommen, unterbrach der
von Wildeneck seine Flucht; die entführte Braut entriss ihm sein
Schwert und stürzte sich in dasselbe.

Der Wilde von Wildeneck irrte jahrelang wegen seiner Fre-
veltat in der Welt umher. Er kam auch einmal nachts ins Lauratal während eines heftigen Gewitters. Da soll ihn beim Großen
Stein der Blitz erschlagen haben.

Gablers Pakt mit dem Teufel

Jahrelang versuchte Joseph Gabler, der Erbauer der Weingartener Orgel, in den Tönen der Orgel die menschliche Stimme nachzuahmen. Aber obschon er sich die größte Mühe gab, alle Hölzer und Metallmischungen versuchte, es wollte ihm nicht gelingen. Da flüsterte ihm der Böse eines Nachts ins Ohr, er wolle ihm helfen, wenn er ihm seine Seele verpfände. Am Laurastein solle er sich um die zwölfte Stunde einfinden. So begab sich Gabler in einer stürmischen Nacht an den Ort, wohin ihn der Böse kommen hieß. Und siehe! Mit dem zwölften Glockenschlag erschien der Leibhaftige in der Gestalt eines Jägers. Da verschrieb ihm der Orgelbauer seine Seele und bekam dafür ein Metall zur Herstellung seiner Pfeifen. Von nun an erklang bei dem Stimmenzug »Vox humana« die menschliche Stimme. Jedoch saß zur Stund auch der Teufel im Orgelwerk, denn statt heiliger Weisen sang diese Pfeifenreihe nur noch von der Lust der Welt. Voll Bestürzung ließ der Abt den Orgelbauer zu sich kommen und fällte nach dessen Geständnis den Spruch, er solle mitsamt seinem Teufelswerk im Klosterhofe verbrannt werden. Zuvor aber müsse Gabler Ersatz schaffen. Dies gelang alsdann dem Orgelbauer so gut, dass ihm der Abt das Leben schenkte.

Das Burgfräulein auf Prassberg

In den stattlichen Ruinen der Burg Prassberg bei Wangen ließ sich früher oft eine weiß gekleidete Jungfrau blicken. Und zwar schon am hellen Tag, meist gegen Abend, manchmal auch zwischen drei und fünf Uhr nachmittags. Die weiße Gestalt zeigte sich gewöhnlich in einer Maueröffnung des mächtigen Turmes, und darum glaubte man, die Jungfrau hause überhaupt in dem Turme und müsse da umgehen.

Bald sah man sie unten zu ebener Erde, bald zuoberst auf dem Gemäuer. Einige meinten, dies sei alles nur eine Täuschung, die durch den Widerschein der Sonne herrühre. Viele haben sie aber schon ganz deutlich gesehen und lassen sich dies nicht ausreden.

Nun waren einmal bei einem Manöver einige Offiziere in der nahen Wirtschaft unten im Tal und kegelten. Da sagte auf einmal einer: »Da droben ist ja ein weißes Frauenzimmer«, und zeigte auf den Turm. Man erzählte den Offizieren dann, dies sei das Burgfräulein, das umgehe, und nun nahmen sie ein Fernrohr und betrachteten sich die Erscheinung genau. Sie bestätigten dann, dass sie klar und deutlich die Jungfrau gesehen hätten.

Was für eine Bewandtnis es mit der Jungfrau habe, darüber erzählt man sich Folgendes: »Zu jener Zeit, als die Burg noch von Rittern bewohnt war, hatte man in der Prassberger Mühle, die gleich unten am Fuße des Berges liegt, einen Mahlknecht, der ein bildschöner Bursche war und überaus gut Gitarre spielen konnte. Dem hörte das Burgfräulein öfters zu und wollte darauf das Gitarrspiel auch lernen, und so kamen die beiden häufig zusammen. Die Jungfrau verliebte sich in den schönen Burschen und mochte nicht mehr von ihm lassen. Deshalb machten sie aus, sie wollten miteinander fliehen, sich zusammengeben lassen und in der weiten Welt ihr Glück suchen. Der Müller befestigte nachts eine Strickleiter an dem Turme, half der Jungfrau herab und floh mit ihr, man wusste nicht wohin.

Die Jungfrau war aber vom Vater bereits dem Ritter auf der Burg zu Ratzenried versprochen worden. Als nun dieser kam und das Burgfräulein zur Frau haben wollte, musste man ihm sagen, diese sei entführt worden und seither habe man nichts mehr von ihr gehört. Der von Ratzenried aber glaubte, dies sei alles

nur leerer Vorwand und man wolle ihm die Jungfrau nicht mehr geben. So kündigte er Krieg an, zog vor die Burg, und auf der Wiese davor kam es zum Gefecht, bei dem der Vater des Burgfräuleins erstochen wurde. So hatte die Tochter den Tod ihres Vaters verschuldet und musste dafür in dem Turm, aus dem sie einst entflohen war, umgehen.«

Wie die Saulgauer
zu ihren Fasnachtsküchlein kamen

Einmal gingen mehrere Saulgauer Handwerksgesellen von Wolfertsweiler heim. Bevor sie nach Sießen kamen, bemerkten sie einen Brand im Kloster, sie eilten herbei und halfen das Feuer zu löschen. Dafür wurden ihnen vom Kloster Fasnachtsküchlein versprochen. Das Fasnachtsküchlein-Holen wurde von da an mit besonderer Feierlichkeit begangen.

Am Sonntag nach Dreikönig versammelten sich die Gesellen in einem Wirtshaus in Saulgau, es durften aber nur die ledigen dabei sein. Man wählte vier Platzmeister und unter diesen wieder einen Oberplatzmeister, einen Ober- und einen Unterfähnrich. Bis zur Fasnacht zogen die Gesellen nun jeden Sonntag im großen Zug mit Trommeln und Pfeifen durch die Stadt. Am Fasnachtssonntag erschienen dann die Mägde des vom Feuer geretteten Kloster in Saulgau in dem Wirtshaus der Gesellen. Sie mussten mit denselben tanzen und wurden zechfrei gehalten. Zwei Abgesandte mit Trommel und Pfeife holten sie ab und begleiteten sie wieder. Am Morgen des Fasnachtsdienstags endlich ging der Zug nach Sießen. Dort angekommen ging es dreimal um den Brunnen herum, wobei der Fähnrich dreimal die Fahne über seinen Kopf und den Brunnen schwang. Alsdann ging es in des Klosters Handwerkerlokal zu den Fasnachtsküchle. Eine Masse Küchlein und Kannen voll Wein wurden aufgetragen. Messer und Gabel durfte keiner gebrauchen. Man trank auf die Gesundheit der Frau Priorin und der der Frau Subpriorin, auf die der Frau Ober- und der Frau Unterschaffnerin und den ganzen Konvent. Der Platzmeister hielt eine Rede, bei der alle Verdienste des Klosters hervorgehoben wurden. Nach der Rede brachte eine Klosterfrau auf einem Teller einen schönen Strauß für den Platzmeister. Zuletzt wurde der Hanswurstel in Gegenwart aller Klosterfrauen und des Beichtvaters zum allgemeinen Ergötzen durchgeprügelt.

Das Glas
der Ulmer Schwanenwirtin

Wie schon so manches Mal im Laufe der Jahrhunderte war die Reichsstadt Ulm wieder von den Wirren des Krieges in Mitleidenschaft gezogen worden. Der deutsche Kaiser Leopold stand im Spanischen Erbfolgekrieg im Kampf mit Frankreich. Doch der Kurfürst von Bayern hatte sich vom Kaiser losgesagt und wollte die Seite wechseln. Um sich mit den Franzosen vereinigen zu können, suchte der Kurfürst sich erst des stark befestigten Ulm zu bemächtigen. Der Überfall gelang. Die Stadt wurde, um das Leben ihrer Bürger, Frauen und Kinder zu retten, übergeben und im Namen des Kurfürsten übernahm ein bayrischer General an der Spitze von sechstausend Mann den Befehl über die Stadt.

Als endlich nach einem halben Jahr die Nachricht von den herannahenden Franzosen in Ulm eintraf, herrschte bei der bayerischen Besatzung große Freude. Im berühmten Weinhof »Zum Schwanen« saßen ein paar Dutzend bayerische Offiziere, tranken auf das Wohl des französischen Königs und ihres Kurfürsten mit: »Vivat Ludwig XIV.! Vivat Maximilian!«, und warfen in der Begeisterung die leer getrunkenen Gläser zum Fenster hinaus.

»He! Frau Wirtin! Bringt neuen Wein! Setzt Euch zu uns und lasst unsern edlen Kurfürst Maximilian leben!«, riefen sie mit anzüglichem Lachen, denn sie kannten die reichstreue Gesinnung der Schwanenwirtin wohl. Die Wirtin hob ihr Glas und sagte: »Ihr werten Herrn habt ein Hoch vergessen: Es lebe der deutsche Kaiser! Vivat Leopold!« Sprach's und warf ihr Glas auch zum Fenster hinaus. Zur größten Verwunderung aller blieb es unversehrt inmitten der Scherben der andern Gläser auf der Straße drunten stehen, und heute ist es zur Erinnerung an die aufrechte Schwanenwirtin im Landesmuseum im Stuttgarter Alten Schloss zu besichtigen.

Kurfürst Moritz von Sachsen in Marchtal

Von Augsburg, das sich dem Kurfürsten Moritz von Sachsen freiwillig ergeben hatte, zog dieser gen Ulm. Hier soll er verwundet worden und in Folge davon mit seinen Leuten diesseits der Donau bis zum Kloster Marchtal heraufgezogen sein. Dessen Abt floh mit den Konventualen ins Württembergische, ließ aber, um das Kloster zu schonen, Früchte, Wein, Fleisch und anderes zurück. Der Konventual Bartholomäus, der Rote genannt, stieg noch unten am Fluss an des Fischers Haus über die Klostermauer, um Krebse von dort mitzunehmen. Er wurde aber entdeckt, verhört und streng bewacht bis zum Schlosse Stein gebracht.

Im Kloster selbst wurde übel gehaust, so riss man die Schlösser von den Türen und verkaufte sie. Den Skulpturen in der Kirche wurden Nasen und Ohren, anderen Hände und Füße abgehauen. Den Figuren, die an die Wände gemalt waren, wurden die Augen ausgestochen. In der Kirche, dem Kapitelhaus, den Gängen und dem Speisesaal brachte man die Pferde unter. Der Wein, den die Männer nicht trinken konnten, wurde laufen gelassen, so dass der ganze Boden überschwemmt war. – So hauste des Kurfürsten Heer.

In Sebastian Münsters »Cosmographia« (1544) steht über Marchtal: »Ubi inveniuntur Maximi cancri« (also: wo die größten Krebse gefunden werden). Darüber, dass dies Münsters einzige Notiz über Marchtal war, ärgerte sich Sebastian Sailer in seinem Buch »Das jubilierende Marchtal« gewaltig.

Der schwarze Veri

Im Siechenturm zu Biberach saß einst der berüchtigte oberschwäbische Räuber, genannt der »schwarz Veri«, gefangen. Während eines Gewitters soll er ausgerufen haben: »Wenn mich nur das Donnerwetter verschlüge!« Plötzlich fuhr ein Donnerknall in den Turm und erschlug den schwarzen Veri. Die Risse und Sprünge im Turm sollen davon herrühren.

Der Maler Johann Baptist Pflug schreibt in seinen Erinnerungen: »Zu meinen Zeiten hatte der Wald eine große Ausdehnung, und bot fahrendem Volk aller Art einen erwünschten Schutz und Aufenthalt. Da schwärmten Fahnenflüchtige und entlassene Soldaten umher, Zigeuner, Diebe und Mörder. Es war dies die Folge der Franzosenkriege. Die Bande des schwarzen Veri machte bis in unsere Tage hinein Wald und Gegend unsicher. Oft genug lief ich durch den Altdorfer Forst, ebenso besorgt als neugierig. Erschrocken fuhr ich zusammen, wenn aus einer Schlucht ein Waldvogel emporhuschte, dessen Aufflug ein

höllisches Geknister verursachte; hinterdrein ärgerte mich aber auch, daß es nicht der schwarze Veri in eigener Person war, mit dem ich für mein Leben gern, oder auch mit einem andern der wilden Gesellen, in ihrem grünen Theater Bekanntschaft gemacht hätte. Freilich, die silberne Uhr hatte ich vorsichtigerweise bei solchen romantischen Ausflügen zu Hause gelassen, samt dem goldenen Ehereif; auf die paar Batzen im schwindsüchtigen Geldbeutelchen wäre es mir nicht angekommen.«

An anderer Stelle heißt es weiter:

»Bekanntlich habe ich diese Bande mehrfach dargestellt. Die Räuberbande des schwarzen Veri bestand aus sechs Personen.

Aus Xaver Hohenleiter, von Rommelsried in Bayern, dem Haupt der Bande, und Schrecken der Wälder. Er war 31 Jahre alt, sein blitzendes Auge verriet den wilden Geist, der ihn beseelte. Von dem rabenschwarzen Haar, das in wohlgekräuselten Löcklein ihm um Kopf und Stirn flog, hieß er der schwarze Veri. Mit ihm hatte sich das Weib die Günzburger Sephe, Maria Josepha Tochtermann, verbunden.

Friedrich Klump, aus der Gegend von Freudenstadt, wurde seines regelmäßigen, weißen, von rötlichen Locken umwallten Gesichtes halber ›der schöne Fritz‹ genannt. Er war der unzertrennliche Gefährte, ›der Schatten‹ Veris. Früher ein Bäckergeselle, besaß er sanfte Manieren, flößte Vertrauen ein und wußte die Polizei durch schlau nachgemachte Pässe zu täuschen. Er war jünger als Veri und hatte sich Therese Jeppler aus Triest, die 30-jährige ›Resel‹, beigesellt, die ebenso gewandt im Stehlen als sanft im Aussehen wie ihr Buhle war. Füglich konnte sie dem Kirchenmaler als Modell dienen.

Ullrich Hohenleiter, erst 18-jährig, und nicht minder gefürchtet als sein Bruder Veri, groß, schlank, mit einem Zug um den spöttischen Mund, welcher die Welt und ihre Ordnung verachtete – das Verbrechen war seine Lust. Er fiel durch das lebhafte Weiß im Auge auf. Pistole, Dolchmesser und der gewichtige Knotenstock fehlten ihm nie. Die 23-jährige Agatha Gebhard war des ›Urle‹ Gefährtin.

Fidelis Sohm, bei Lindau zu Hause, hieß der ›einäugige Fidele‹, weil ihm das linke Auge fehlte. Fidele war ein gewandter, aber feiger Dieb, und wurde deshalb namentlich als Spion gebraucht. Ihm gehörte die Kreszenz Tochtermann zu, die ältere Schwester der Sephe.

Sebastian Kellermann, ›der Baste‹, 19 Jahre alt, schlank und braun, von Burgau im Sigmaringischen. Er hatte sich anfangs an die 25-jährige Agnes Gebhard gemacht, deren Augen wie feurige Kohlen aus dem mageren Gesichte brannten.

Josef Anton Jung, aus Rheinpreußen, nach seinem Vater ›der Condéer‹ genannt, der unter diesen gedient hatte, früher ein Maurer. Ihm war kein Verbrechen zu schwer; mit ungezähmter Wildheit, die Augen im Gesicht umherrollend, die Flinte auf dem Rücken, und bereit, jeden Widerstand durch Gewalt zu brechen so strich er umher. Er hatte sein Herz bleibend der ältesten unter den Gebhardinnen, der Kreszenz, zugewendet.

Ferner gehörten zur Bande die Mutter dieser Schwestern, die ›dreckete Mutter‹, dann das Rommelhauser Schneiderle,

Christian Maucher, der sich mit der ›Ottil‹ von Seekirch herumtrieb.

Diese Menschen zogen durch die Wälder und Einöden Oberschwabens und lebten vom Stehlen. Wer ihnen gutwillig das Verlangte gab, dem fügten sie nicht leicht ein Leides zu, dagegen bedrohten sie Widerspenstige lebensgefährlich. Auch war es gerade keine Seltenheit, daß sie Letztere misshandelten oder ihnen den roten Hahn aufs Dach setzten. Mit den Wirten im Storchen-, Benzen-, Vogelhaus usw. standen sie auf dem vertrautesten Fuß, diese waren die Diebeshehler. So brandschatzten und beunruhigten sie die ganze obere Gegend, bis das entschiedene Auftreten der Gerechtigkeit dem Unfug ein Ende machte.

Als die Verische Bande in Biberach eingeliefert und in den Ehingertor-Turm sowie ins Seelenhaus (ein städtisches, unten mit eisernen Gittern verwahrtes Gebäude in der Seelengasse), den weißen und Bürgerturm verbracht war, bat ich den Oberamtsrichter Hörner, den Veri abzeichnen zu dürfen; er schlug es mir rund ab. Darauf machte ich mich an den Oberamtsarzt Tritschler, der die Visitation bei den Gefangenen hatte, und gleich war dieser bereit, mich mitzunehmen. Während nun Tritschler in den Kerker ging und mit Veri sprach, heftete ich mein Blatt Papier links an den äußeren Türpfosten an und zeichnete den Räuber, ohne daß er es merkte. Veri war in einem Gelasse mit dem Jauner Xaver Wollhüter, beide mit schweren Ketten gefesselt, die durch eine Öffnung in der Wand auf den Gang hinaus reichten und dort in einem Haken (die des schwarzen Veri in einen Haken am Kamin) eingelassen waren, so daß der Wächter jederzeit sich durch Ziehen vergewissern konnte, ob der Gefangene noch an der Kette sei. Als Tritschler gegen den Veri bemerkte, daß sei doch unmenschlich, ihn so schwer zu fesseln, erwiderte Veri, der im bloßen Hemd dastand: ›Die schwerste Kette ist leicht zu tragen, wenn man unschuldig ist und ein gutes

Gewissen hat!‹ Die Jauner hatten mit Ofenruß und den roten Ziegeln des Gefängnisses Lorbeerkränze an die Wand gemalt, worin ihre Namen zu lesen waren. Tritschler nahm meine Zeichnung abends mit ins Wirtshaus, dort war auch Hörner. Als Letzterer sie sah, ward er ganz wütend, zitierte mich am anderen Tag, machte mir die schwersten Vorwürfe, ließ sich aber endlich doch beschwichtigen und mich die Burschen zeichnen. Als ich wieder ins Gefängnis kam und dem Veri meine Absicht offenbarte, rechnete er es sich zur großen Ehre und sagte, als ich ihm eröffnete, daß ich jedes Mal eine Halbe Bier ihm zahlen dürfe: ›Das wäre gar nicht nötig gewesen, da haben Sie sich unnötige Ausgaben aufgeladen.‹ Sein Genosse Wollhüter aber meinte, ich hätte ihm wohl auch etwas spendieren können, worauf ich antwortete, es komme mir nicht darauf an.

Das Gefängnis, in welchem sich Veri befand, hatte nur ein kleines Fenster, zu hoch, als daß man hinaussehen konnte. Dennoch wußte sich Veri durch diese Öffnung mit den Weibern, die über ihm gefangen saßen, besonders mit der schönen Urschel, eigentlich hieß sie Ursula Lauer, aus Wattensweiler, Oberamt Waldsee, zu unterhalten. Seine Beihälterin, die Günzburger Sephe, saß im Seelenhaus.

Diese Weibsbilder trugen rote, seidene Halsbinden, mit einem weißen Vorschuss nach Männerart, Ohrringe und die großen Dimpenhauben. Alle Tage machten sie sorgfältigst Toilette, befeuchteten die Haare mit Wasser, strählten sie, und reihten ein Löckchen zierlich ans andere.

Es war am 20. Juli 1819, als ein schweres Gewitter über Biberach losbrach. Es zeichnete sich sowohl durch seine Heftigkeit als durch seine Dauer aus, man glaubte, daß es gar kein Ende nehmen werde. Eben unterhielt sich Veri mit der Urschel und rief: ›Wenn nur der Blitz auch einmal in dieses verfluchte Loch schlüge‹, als ein Strahl zündend den Turm traf. Er fuhr mittels

Ehingertor sog. Siechentor in welchem
der Schwarze Veri am 20. Juli 1819 vom Blitz
erschlagen wurde.   abgebrochen i. Jahre 187̄

der Leitung der Kette dem Veri an dem Arm empor, um den sie gewunden war, zuckte über seine Brust, die er versengte, so daß auch das Hemd verbrannte, und schlug den andern Arm entzwei. Veri war auf der Stelle tot. Auf den donnernden Schlag, welcher ganz Biberach zittern machte, rief der Wächter: ›Feuer!‹ Erst auf die Hilferufe der Jauner erfuhr man, daß es bei ihnen eingeschlagen habe. Hörner ließ sogleich die Bürger sich versammeln. Als die Gefängnisse geöffnet wurden, sah man, daß der Blitz nicht weiter gezündet hatte, nur Veri und sein Strohsack brannten.

Durch die Spaliere der Bürger gingen die Jauner aus dem Turm, in eine andere Verwahrung. Teils waren sie tief erschüttert, namentlich jammerten Veris Bruder und dessen Konkubine laut, teils schimpften und fluchten sie, daß man sie gar so elend umkommen lasse. Veris Leiche wurde an der Kette die Stiege herabgeschleppt und in Wasser, welches sich auf der Straße gesammelt, herumgezogen, um den Brand zu löschen, dann ins Seelenhaus gelegt. Im Angesicht des Toten hielt der Richter eine eindringliche Rede, über das an Veri vollzogene Gottesgericht, die natürlich nichts fruchtete. Im Gegenteil leugneten die Verbrecher nur um so hartnäckiger, in dem sie nun alle Schuld auf Veri wälzen wollten, weshalb sie sein Bruder mit den schwersten Vorwürfen überhäufte.«

Der Malefizschenk

Franz Ludwig Schenk, Reichsgraf von Castell, war einer der interessantesten und farbigsten Gestalten Oberschwabens. Sein Zeitgenosse, der Maler Johann Baptist Pflug, der ihn persönlich kannte, schreibt in seinen Erinnerungen:

»Er war ein Herr voll Geist, Mut und beispielloser Energie. Die Feinheit seines Geistes, die Macht seines Willens, unterstützt von einem fürstlichen Vermögen, und der Glanz seines Namens wußten ihm überall bahnbrechend voranwirken, wohin er auch seine Schritte zu lenken gesonnen war. Aber statt dem mit Atlas und Seide überzogenen Diplomatenkabinette, oder statt dem an Ruhm und Ehren reichen Schlachtfeld, wählte der Graf den täglichen Umgang mit ›Jaunern, Mördern, Straßenräubern, Zigeunern, Markt-, Tag- und Nachtdieben, Beutelschneidern, Mordbrennern, Falschgeldmünzern, Betrügern, Falschbettlern und Schatzgräbern, denen Schwaben von jeher ein Lieblingsaufenthalt gewesen.‹ Seine Atmosphäre war voll Blut und Brandgeruch, seine Wohnung, nachdem sie ihm den roten Hahn auf sein prächtiges Schloss gesteckt, das Zuchthaus selbst.

Auf der Höhe, wo sein Blick am grünen Donautale sich erfrischen konnte, auf der Höhe über allem erhaben, weit sichtbar als sein grauenvolles Herrscherzeichen, stand das Hochgericht. Wenn sein ›Hof‹ versammelt war, so verhandelte er blutige Sentenzen, mit Blut und Eisen waren seine Korrespondenzen geschrieben, die Diplome, die er ausfertigte, betrafen Scharfrichter, welche das Meisterstücklein gemacht hatten.

Er zog die menschlichen Bestien gebessert zu sich heran, oder – er zerstörte sie. Das verlieh seiner Sonderbarkeit eine ethische Bedeutung, und je gewaltiger die Furcht seiner Zeitgenossen vor diesem schrecklichen Übel war, desto höher, ja bis zur Bewunderung hoch, stieg die Anerkennung vor ihm, der furchtlos ihre Schrecken beherrschte. Für ihn allein hatte dieses Gorgonenbild der Gesellschaft nichts Tödliches. Täglich, stündlich, jeden Augenblick schwebte der Graf in Todesgefahr. Sie suchten ihn überall, sie fanden ihn überall – er überwand sie überall! Sein Bestreben konnte grillenhaft, eigentümlich erscheinen, im philantropischen Charakter seiner Zeit begründet, oder gar von egoistischen Interessen geleitet sein – das mutige Beharren auf der entsetzlichen Bahn erhob ihn über das Auffallende, Zweifelhafte, und weit über jede Bizarrerie, jede Kleinlichkeit, es sicherte ihm die Anerkennung der Mitwelt, die Teilnahme der Nachwelt, den Tribut, der jeder wahren Mannesgröße gezollt wird!

Ich wurde ihm bei den Exequien des Grafen Reutner in Achstetten bekannt. Dieser war, als er von Ulm heimkehrte, tot unter dem Spritzleder seiner Kutsche gefunden worden. Ich begab mich deshalb nach Achstetten, um der mir sehr gewogenen Familie mein Beileid zu bezeugen. ›Sie kommen gerade recht‹, sagte die trauernde Witwe, ›Graf Schenk hat versprochen, zu den Exequien sich einzufinden, und da sollen Sie zu seiner Unterhaltung beitragen.‹ Ich sagte zu, nicht ohne Verlegenheit, der Name des Grafen hatte einen gewaltigen Klang, für Ungerechte wie für Gerechte. Wirklich kam er drei Tage hintereinander einspännig angefahren – in aller Frühe war er da, und blieb bis abends vier Uhr. Er war ein Mann von riesiger Natur, mit rotem Haar, und großmächtiger Nase, seine Stimme schallte wie der Donner, dabei besaß er einen durchdringenden Verstand. Obgleich schon über achtzig Jahre alt, war er noch sehr frisch, beweglich gleich einem Jungen. ›Ja‹, sagte er eines Tages zur Gräfin Reutner, als diese seine Gesundheit rühmte, ›als ich in Italien war, da haben auf einem Ball in Neapel die Italienerinnen alle auf den Rothaarigen geschaut, und sich gerissen um einen Tanz mit ihm.‹

Kaum sah er mich, so ging er auf mich zu. ›Nun, wie ich höre, sind sie der Maler Pflug aus Biberach?‹ ›Ja, Exzellenz.‹ Dann blätterte er meine Zeichnungen durch, welche ich mir auf Wunsch der Gräfin von Haus hatte nachschicken lassen, und betrachtete mit großem Interesse die Räubergestalten aus der

Bande des schwarzen Veri. Als er die Weiber musterte, äußerte Baron Freyberg: ›Du, Schenk, sieht nicht die schöne Urschel deiner Veron gleich?‹ Worauf der Graf dem Spötter mit der flachen Hand auf den Rücken schlug und lachend sagte: ›Du warst mir immer wegen der Veron neidig.‹ Diese Veron hatte als Genossin einer Räuberbande früher in der Dischinger Feste gesessen; dort hatte sie die Aufmerksamkeit des strengen Grafen auf sich gezogen, und war nach abgebüßter Strafe zu seiner Leibköchin befördert worden.

Als nämlich das Zuchthaus in Ravensburg für die Verbrecher nicht mehr hinreichte, auch das Hauptzuchthaus für Schwaben in Buchloe überfüllt war, erließ etwa um 1780 der schwäbische Kreis ein Schreiben mit der Anfrage, ob jemand auf Kosten des Kreises eine Fronfeste bauen, und ihre Verwaltung wie Bewachung übernehmen wolle. Niemand als der Reichsgraf Schenk von Castell war dazu erbötig. Der Vertrag wurde geschlossen, das Gerichtspersonal gestellt, die Feste gebaut. Schenk besorgte das Einfangen des Gesindels, und dirigierte die Hinrichtung mit Strang und Schwert. Schlimm aber war es, daß zwischen den

Herrschaften, in denen er amten durfte, wieder solche lagen wo er kein Recht dazu hatte. Seine Häscher waren pardonierte Jauner, die tüchtigsten Lautenbacher und das Bayreutherle. Als Jäger gekleidet, führten sie Stutzen und Hirschfänger nebst Büchsenranzen mit sich, in dem sie die Handschellen verwahrten. [...]

Die Fronfeste in Dischingen war in Hufeisenform erbaut; unten befanden sich die Gefängnisse, oben die Wohnungen der Beamten. Vorn in einem Flügel, und zwar im Erdgeschosse, hatte der gefürchtete Graf seinen Sitz aufgeschlagen. An seiner Wohnung war ein Fenster, dessen schweres Eisengitter sich leicht durch Aushebung eines Kloben leicht losmachen ließ, so daß es auf die Straße hinausfiel. Diese Einrichtung hatte er getroffen, um sich im Falle eines Brandes ungehindert retten zu können. Denn die Spitzbuben dachten vielfach auf Rache und hatten ihm früher schon sein Schloss über dem Kopf angezündet, es war abgebrannt.

Bekanntlich schwebte der Malefizschenk selbst in der größten Lebensgefahr, und wenn es den verruchten Gesellen auch nicht gelang, ihn als Opfer ihrer Rache und wohlbegründeten Furcht aus der Welt zu schaffen, so machten sie ihm doch das Schloss zum Trümmerhaufen, in welchem er, ein Held der Gerechtigkeit regierte.

Einmal fuhr der Malefizschenk nachts in seinem Vierspänner von einem Ball in Ulm zurück. Vor der Stadt stand der Galgen der Reichsstadt in einem viereckig ummauerten Raum in der Nähe der Straße; hier lauerten ihm die Schelme auf, darunter besonders gefährliche Subjekte, österreichische Deserteure. Einer der Letzteren warf eine brennende Handgranate in die Kutsche, der Graf sprang heraus und gleich rasch der Kutscher vom Bocke; im nächsten Augenblick platzte die Granate, richtete jedoch keinen Schaden an. Die Pferde schlugen zwar wütend aus und bäumten sich, wurden indessen gebändigt, und pfeilschnell ging es auf und davon.

Ein andermal fuhr der Graf von Sigmaringen, wo er einen Besuch gemacht, nach Dischingen. Bei Krauchenwies sah der Kutscher drei Kerle auf dem Wege stehen und benachrichtigte seinen Herrn davon. ›Fahr zu‹, rief dieser, ›was gehen uns die Kerls an!‹ Der Kutscher machte eine ängstliche Einwendung. Da befahl ihm der Graf, in die Kutsche zu sitzen, bestieg den Bock und fuhr selbst weiter. Die Verdächtigen traten ihm entgegen und machten Miene, den Pferden in die Zügel zu greifen, Schenk aber riss den Hirschfänger heraus, sprang vom Bock mitten unter die Halunken und drohte, sie auf der Stelle zusammenzuhauen; aber schneller als er – hatten sie Reißaus genommen.

Bei einer andern ähnlichen Gelegenheit wurde der Angriff von den Schurken wirklich ausgeführt. Einer hielt die Pferde an, während sich von jeder Seite her ein Spitzbube dem Kutschenschlag näherte. Schenk schwang sich rückwärts zum Gefährte hinaus, hielt ihnen die Pistole vor, zwang so die beiden nächsten in die Kutsche zu steigen, den dritten die Pferde am Zügel weiterzuführen und brachte die aufdringliche Gesellschaft gefangen mit heim.

1806 hörte das Zuchthaus in Dischingen auf, indem die württembergische Regierung alle Verbrecher in die Staatsanstalten unterbrachte; der Graf war sehr erbittert darüber und erklärte, für die Richter möge dieselbe sorgen, für die niederen Bediensteten trete er selbst ein.«

Ludwig Aurbacher scheint in seinem »Volksbüchlein« von den sieben Schwaben dem Malefizschenk eine Referenz erwiesen zu haben. Denn dort schreibt er: »Es sagt aber die Geschichte, daß der Junker von Kronburg tags zuvor, als ihn eben das Zipperlein plagte, den patriotischen Entschluß gefaßt, zur Aufrechterhaltung der Ordnung und Sicherheit im schwäbischen Kreis, ein Zuchthaus zu stiften und in seinem Schloß anzulegen.«

Die Festnahme des berüchtigten Räubers »Tiroler Seppel«

Johann Baptist Pflug berichtet in seinen Erinnerungen über die Geschichte des »Tiroler Seppel«:

»In St. Gallen war ein großer Kirchendiebstahl begangen worden; man hatte den Verdacht auf den Mesner, und dieser wurde, obgleich er seine Unschuld beteuerte, verurteilt und hingerichtet. Nun lebte in Memmingen oder Kempten ein Zinngießer namens Ruprecht Sotan, der die Liebhaberei hatte, alle bei den Hinrichtungen gedruckten Urteile zu sammeln und aufzubewahren; so kaufte er auch das St. Galler Urteil. Nach Jahren wurde in Dischingen unter anderen ein Jauner hingerichtet, der bekannte, daß er einen großen Diebstahl in einer Kirche zu St. Gallen verübt habe. Graf Schenk benachrichtigte hievon den Rat daselbst, welcher jedoch nichts von sich vernehmen ließ. Nun sandte Ruprecht das St. Galler Urteil dem Grafen zu, dieser machte auch hievon dem Rat zu St. Gallen Mitteilung und ruhte nicht, bis die Herren das ungerechte Urteil wieder aufhoben. Der Hingerichtete wurde ausgegraben und feierlich auf dem Gottesacker bestattet, seinen Verwandten aber eine bedeutende Entschädigungssumme ausbezahlt.

In der zweiten Hälfte der 1790er-Jahre, als die Franzosen in der Schweiz waren, wurde im Kloster Einsiedeln Gold, Silber und Juwelen, viele tausend Gulden an Wert, gestohlen. Man vermutete, daß der Diebstahl durch französische Soldaten begangen worden sei. Später ergab sich, daß ihn Jauner verübten, welche sich, mit allen möglichen Brechinstrumenten versehen, in der Kirche versteckten, sich darin einsperren ließen, sodann bei Nacht über die Kisten und Kästen, in welchen die Kostbarkeiten verwahrt wurden, mit ihren Brecheisen und Dietrichen herfielen und den Einbruch ungestört ausführten. Einige von den Dieben wurden in die Fronfeste nach Dischingen gebracht, ausführlich verhört und auf Grund ihrer Aussagen nach den Übrigen gefahndet. Einer der Letzteren war unter dem Namen ›Tiroler Seppel‹ bekannt, er hatte mittelst seinen Anteiles an der Beute einen Kram angefangen, welcher in silbernen Uhrenketten, Löffeln, Schuhschnallen und so fort bestand, und sich unter falschem Namen und Papier ein paar Jahre herumgetrieben, ja mit einer Krämerin, die gleichfalls die Märkte besuchte und aus der Gegend von Dillingen war, verheiratet, ohne daß sie wußte, daß sie die Frau eines Hauptdiebes sei.

Nun fügte es sich um das Jahr 1801, daß Lautenbacher und der Bayreuther, von einem Transport aus der Schweiz zurückkehrend, im ›weißen Adler‹ zu Biberach, wo sie gewöhnlich ihre Einkehr hielten, Mittag machten. Lautenbacher war aus der Wirtschaft auf die Straße herabgegangen, schmauchte sein Pfeifchen und stellte sich an dem Eckladen des Strumpfwirkers Alber auf. Einige Minuten später kam eine Kindstaufe aus dem ›weißen Adler‹. Ihr folgten zwei Herren, von denen einer seiner Größe wegen dem Häscher auffiel. Beide waren fein gekleidet, der eine in einen dunkelblauen Überrock und runden Hut, der andere schwarz mit gepuderten Haaren. Lauterbacher dachte bei dem Ersteren sogleich an die bekannte Länge des Tiroler Seppel; er ging schnell in das Haus zurück und fragte den Wirt Keller, wem getauft werde? Dieser antwortete, daß die Frau eines Silberkrämers, die schon einige Mal bei ihm gewohnt habe, in der Nacht niedergekommen sei. Ihr Mann hätte ihn gebeten, ihm für einen Gevatter zu sorgen, und da der pensionierte fürstlich buchauische Beamte, Herr von Ochs, ein täglicher Gast im weißen Adler sei, so habe er ihn ersucht, die erbetene Patenstelle zu übernehmen. Der sei gerne darauf eingegangen, ebenso die

Frau Senator Consoni, die sich ebenso durch Wohltätigkeit als durch Gefälligkeit auszeichne.

Lauterbacher zeigte nun dem Wirt das Signalement des Tiroler Seppel, das er in der Brieftasche mit sich führte; Keller wollte jedoch nicht glauben, daß der Krämer und der Dieb eine und dieselbe Person sein konnte. Der Häscher verfügte sich mit ihm zu dem Amtsbürgermeister von Pflummern und bat, den Seppel festnehmen zu lassen, den er nebst einem aus dem Franziskanerkloster in Ingolstadt entsprungenen Mönche schon seit Jahr und Tag verfolge. Herr von Pflummern, der sich von Lautenbachers Angabe als begründet überzeugt hatte, ließ den verdächtigen Mann vorführen und fragte ihn über Name und Gewerbe aus. Der Fremde antwortete ruhig und gewandt. Als ihm aber des Grafen Häscher entgegengestellt wurde, half alles Wenden und Drehen nichts; er gestand ein, daß er der Tiroler Seppel sei und flehte nur um die Gunst, seiner Frau noch sagen zu dürfen, daß er zu einem Verhör nach Dischingen berufen sei und nach einigen Tagen zurückkehren werde. Dies wurde ihm gestattet; er ging und kam niemals wieder, mit andern wurde er dort mittels des Stranges am 1. Dezember 1791 hingerichtet.

Im ersten Verhör gab Seppel den bis dahin unbekannten Aufenthalt des letzten jener sieben Diebe an, die den Einbruch im Kloster Einsiedeln begangen hatten. Es war ein entlaufener Franziskanermönch, der sich unter falschem Namen in Wangen angesiedelt und durch sein Benehmen allgemein beliebt gemacht hatte.

Sein Leben fristete er, indem er als Winkeladvokat tätig war. Als in der genannten Reichsstadt die Requisition des Grafen Schenk eintraf, wollte niemand den Aussagen des Tiroler Seppel Glauben schenken. Weil der Graf aber in einem eigenhändigen Schreiben den Magistrat dringend ersuchte, der Verhaftung nicht entgegentreten zu wollen, und zugleich mit der Abschrift des Protokolls den Lautenbacher und das Bayreutherle geschickt hatte, willigte man schließlich in die Auslieferung ein, und mit Ketten belastet, wurde Pater Birbo nach Dischingen abgeführt. Dieser war in dortiger Gegend genau bekannt und traf deshalb unterwegs viele Bekannte; jedem beteuerte der Franziskaner seine Unschuld. Als sie durch Wurzach fuhren, begab sich der Stadtpfarrer gerade in die Kirche; auch ihm rief er zu: ›Ich bin ein unschuldig Verhafteter und werde in Ketten nach Dischingen geschleppt – ich bitte Sie, hochwürdiger Herr, mich in Ihr Gebet einzuschließen!‹ Der Pfarrer blieb wie versteinert stehen und konnte nur ein ›Ja, ja!‹ hervorbringen. Die Häscher machten nach ihrer Auskunft den Grafen sogleich darauf aufmerksam, daß er aus diesem verstockten Menschen nicht viel herausbringen werde; auch konnte gegen ihn als einen früheren Geistlichen nicht so scharf vorgegangen werden, als es nötig gewesen wäre. Deshalb setzte sich der Graf mit dem Gerichte in Ingolstadt, wo der Franziskaner ebenfalls schwere Verbrechen verübt hatte, in Verbindung, und als dessen Auslieferung verlangt wurde, willfahrte er gerne dieser Forderung, sobald die Akten über den Diebstahl in Einsiedeln geschlossen waren.«

Die schwarze Liesel,
eine oberschwäbische Räuberin

Johann Baptist Pflug erzählt von einer weiteren Begebenheit, der Geschichte der schwarzen Liesel:

»Eine Hauptdiebin war Elisabeth, die Ehefrau eines Strolchen Johann Gaßner; man hieß sie nur die schwarze Liesel.

Wenn sie mit ihrem Mann auf den Raub auszog, trug sie häufig Mannskleider, einen großen falschen Bart und Waffen; so beraubten sie miteinander das Kloster Mochental bei Munderkingen. Von ihr widerfuhr dem berühmten Malefizschenk Graf Schenk von Castell zu Dischingen folgendes:

Der Herzog von Württemberg, als der nächste Reichsfürst, lud den Grafen jedesmal zu seinem Geburtsfest nach Ludwigsburg. Einstmals begab er sich mit seinem Bruder Casimir, welcher Domherr in Augsburg war, zu jener Feier. In Ludwigsburg quartierten sie sich im ›Waldhorn‹ ein und machten ihre Toilette; Schenk trug das rote, goldverbrämte Kleid seines Standes, sein Bruder die geistliche Tracht. Als sie fortgingen, steckte der Graf eine Rolle Dukaten in die Tasche seiner langen, vorn unter dem Frack hervorragenden Weste, weil nach der Tafel gespielt wurde. Sein Bruder Casimir warnte ihn, er solle die Tasche, die von der Last des Geldes herabgedrückt wurde, nicht so sehr beschweren, er könne ja das Geld holen lassen. Allein dem Grafen war dieses zu umständlich, er nahm die Rolle nur aus der Westentasche heraus und steckte sie in die Tasche seines Galafrackes.

Die Gänge des Schlosses waren voll von Leuten, die den Zug des Hofes in die katholische Kapelle mitansehen wollten. Darunter befand sich auch die schwarze Liesel, die sich in Ludwigsburg mit den Kanonieren herumtrieb und dadurch ihrem Manne vielfachen Anlaß zur Eifersucht gab. Sie stand auf der Lauer, bereit, den Herren, welche ihr zu nahe kamen, die goldenen Dosen abzunehmen.

Als Graf Schenk einherstolzierte und die ehrerbietigen Grüße ringsum kurz erwiderte, hatte sie schnell die Hand in seiner Tasche und erwischte statt der Dose die Dukaten. In der Kirche während des Gottesdienstes wollte der Graf eine Prise nehmen; er fand wohl die Dose in der Tasche, aber die Rolle nicht mehr, worüber er sich dergestalt alterierte, daß seine Nachbarn fragten, ob ihm nicht wohl sei. Er erwiderte: ›Man hat mich bestohlen.‹ Dies verursachte eine Aufregung, welche selbst der Herzog bemerkte, er schickte den Domherrn, der beim Altar saß, zum Grafen und ließ sich erkundigen, was es gebe. Als er erfuhr, was vorgefallen war, sagte er, Schenk solle sich gleich mit seinem Oberamtmann besprechen, um die nötigen Maßregeln zu treffen.

Es geschah, aber ohne Erfolg. Schenk schrieb an seinen Freund, den Oberamtmann Schäffer in Sulz, und erkundigte sich, welche Diebe los seien und wer ihn bestohlen könnte. Umgehend traf die Antwort ein, daß die schwarze Liesel sich bei Ludwigsburg herumtreibe. Die Spur war gefunden, sie wurde verfolgt und leitete nach Bönnigheim, wo die Liesel mehrere Kanoniere flott bewirtet hatte. Doch erst nach längerer Zeit wurde man in Harburg in Bayern ihrer habhaft; sie leugnete jedoch hartnäckig.

Der Graf war über den Vorfall um so verdrießlicher, weil ihn die Hofleute darüber ausgespottet hatten; ja, einige von seinen Gegnern warfen hin, er habe wohl gar kein Geld bei sich gehabt und durch den erdichteten Diebstahl nur sich aus einer Verlegenheit ziehen, nämlich dem Spiel ausweichen wollen. Der stolze Graf glaubte sich durch solchen Verdacht an der Ehre gekränkt und hatte manche schlaflose Nacht. Als nun später die Gaßner in Dischingen wegen ihrer Räubereien zum Tode verurteilt worden war, jenen Diebstahl aber noch nicht eingestanden hatte, begab sich Schenk zu ihr ins Gefängnis und redete ihr ernstlich ins Gewissen. Ob sie auch diesen Fall eingestehe oder nicht, das mache für sie nichts mehr aus, sterben müsse sie doch, sagte der Graf und setzte hinzu, wenn sie jedoch in die Ewigkeit übergehen wolle, mit der Schuld auf dem Gewissen, daß sie ihn vor dem ganzen Hof in Unehre gebracht habe, so möge sie es auf sich nehmen. Die schwarze Liesel gestand mit triumphierendem Lächeln jetzt um so weniger. Erst später legte sie dem Beichtvater ein vollständiges Bekenntnis ab und gab an, daß sie die Dukaten in einem Schächtelchen im Arsenal, in das sie durch die Kanoniere Eingang fand, unter dem soundsovielten Haufen von Kanonenkugeln verborgen und jedesmal, wenn sie Geldes bedurfte, davon herausgenommen habe. Sogleich schrieb man hin, und richtig fand sich noch ein Teil der Dukaten an diesem Orte.«

Marschall Ney in Oberschwaben

Das österreichische Heer unter General Karl Mack wurde 1805 bei Ulm von den Truppen Napoleons besiegt. Während der Friedensverhandlungen weilte der französische Marschall Michel Ney auf Besuch am Federsee. Ney wohnte bei Pfarrer Vonier, der in der Gegend sehr bekannt und beliebt war. Häufig unternahm der Pfarrer mit seinem Gast Kahnfahrten über den See. Er erzählte ihm dabei von den Eigentümlichkeiten des Federsees: »Wen ein Gewitter auf dem See ereilt, der ist in der Regel verloren. Die Wellen gehen dabei sehr hoch. Die Federseeschiffe sind aber der Wucht dieser gewaltigen Wogen nicht gewachsen. Sobald darum die Wasser anfangen sich zu kräuseln, selbst beim reinsten Sonnenschein, beeilen sich die Schiffer, das Ufer aufzusuchen. Urplötzlich steigen drüben an der Wasserscheide zwischen Donau und Rhein verdächtige Wolken auf und jagen daher als Wotans wilde Wasserheere. Dann trifft ein, was der Volksmund klagt. Es rast der See und will sein Opfer haben.«

Am darauf folgenden Dreikönigstag jagte Marschall Ney mit seinem Gastgeber, wobei er unversehens in die Fluten des Sees stürzte. Da er nicht schwimmen konnte, sank er immer tiefer. Sofort stellten der anwesende Werbemeister Michael Klaus und der Klosterfischer Manz von Buchau Rettungsversuche an. Mit knapper Not gelang es, den Marschall zu retten. Erschöpft brachte man ihn ins Pfarrhaus, wo er sich bei guter Pflege vom ersten Schrecken erholte. Am andern Tag kehrte er in sein Quartier nach Buchau zurück. Er streckte seine Glieder in einer Wanne voll echten Burgunderweins, da von einem solchen Bade nach damaliger Vorstellung völlige Genesung zu erwarten sei. Der dazu verwendete Wein wurde sogleich in Flaschen gefüllt und hernach den Armen des Ortes gegeben.

Ney durfte sich indessen nicht mehr lange seines Lebens freuen. Wider Erwarten wurde Napoleon einige Jahre später bezwungen und auf die Insel Elba verbannt.

Da Ney nach wie vor zu Napoleon hielt und es verschmähte zu fliehen, wurde er gefangen genommen, zum Tode verurteilt und bald danach erschossen, am 7. Dezember 1815.

Neys Tod kam für die Bewohner am Federsee nicht überraschend. Sein Sturz in den See war für sie ein böses Omen. Sie sagten, dass der See jetzt sein Opfer doch noch geholt habe.

Der oberschwäbische Maler Johann Baptist Pflug, ein Zeitgenosse Neys, schreibt in seinen Erinnerungen: »Marschall Ney hatte sein Hauptquartier in Warthausen. Der Marschall fuhr mit zwei Tigerschecken, die er selbst leitete; links und rechts begleiteten ihn Husaren. Täglich besuchte er das Jordanbad, wo er sich der Sage gemäß in Champagner badete. [...]

Am Tor stieg der Marschall, vom Magistrat begrüßt, zu Pferde und wurde vor dem Portal der Kirche von der Geistlichkeit mit Kreuz und Fahnen empfangen. Der Dekan reichte ihm das Weihwasser. Während des Hochamts paradierten die Grenadiere vom Hochaltar an bis zum Haupteingang. Zu beiden Seiten des Altars stand ein Tambour, der bei der Verlesung des Evangeliums einen Wirbel schlug. Mittags war Mahlzeit im Schloss Warthausen, wozu die Bürgermeister eingeladen waren. Abends Beleuchtung und Ball, an welchen auch andere Honoratioren teilnehmen durften. Mit ritterlicher Liebenswürdigkeit

behandelte der Marschall seine viel beneideten Gäste. Er, der Schwabenherzog neuesten Datums, herrschte hier unbeschränkt.

Sonderbar, daß ein neueres Bild von ihm mir jede Erinnerung an seine lebensmutigen Züge verwischt hat. Auf diesem Bild, ein deutscher Meister hat es gemalt, liegt er nur mit Hemd und Hosen bekleidet auf einer Tragbahre, über welche ein roter Teppich gebreitet ist. Ein Armsünderlämpchen beleuchtet sein bleiches Gesicht. Er hat die Hände gefaltet, Brust und Hemd sind von Kugeln zerfetzt. Niemand ist bei ihm als eine barmherzige Schwester, die für das Heil seiner Seele betet. Das steinerne Totengewölbe umschließt ihn bereits wie ein Sarg. – O vanitas, vanitatum et omnia vanitas!«

Seltsame und unheimliche Geschehen

Die Mutter Gottes auf der Stadtmauer zu Mengen

Als die Schweden die Stadt Mengen bedrohten, flehten die Einwohner bei der Mutter Gottes um Hilfe, welche ihnen auch sofort zuteil geworden. Denn die Mutter Gottes stieg von ihrem Postament herab und wandelte auf der Stadtmauer rings um die Stadt. Alsbald kam in das Donautal ein gewaltig dicker Nebel, so dass die Schweden die Stadt nicht fanden. Zum Gedenken daran wurde in Mengen am Pfingstmontag das Schwedenfest abgehalten.

In den Annalen der Stadtpfarrei Mengen ist dieses Ereignis eingetragen:
»Decimo octavo Maji 1632 Imago Beatae Virginis Mariae ad Sepulchrum infra montem Oliveti mirabilem se exhibuit (quare Deus scit). Hinc Clerus et Populus ex devozione 18. Mai feriadem voverant et habent officium solenne de B. V. M. concione.«
Auf deutsch heißt das: Am 18. Mai 1632 enthüllte sich das Bild der Heiligen Jungfrau Maria am Grab unterhalb des Ölbergs auf wunderbare Weise. (Gott weiß warum.) Daher hatten der Klerus und das Volk infolge der Wundererscheinung den 18. Mai als Feiertag gelobt. Und haben die jährliche Verpflichtung einer Prozession zu Ehren der Heiligen Jungfrau Maria.«

Der feurige Wagen zu Krauchenwies

Im Tiergarten zu Krauchenwies haben früher viele Leute bei Nacht einen Mann auf einem Schimmel reiten sehen. In einer gewissen Entfernung folgte diesem Schimmelreiter ein feuriger Wagen voller Menschen. Eine Weile später erschien dann ein Mann zu Fuß, der trug ein ganzes Bündel Kochlöffel auf dem Rücken. Der fragte jeden, der ihm begegnete, ob man keinen Wagen gesehen habe. Er sei der Koch.

Man glaubt, der ganze Zug sei das Jagdgefolge eines Sigmaringer Fürsten gewesen, der lange geistweis umgehen musste, weil er das Wild gehegt und den Bauern damit Schaden zugefügt hat.

Die verwunschene Jungfrau

Der alte Magnus Seile diente in seiner Jugend in Bittelschieß im Sigmaringischen und mit ihm diente dort noch ein anderer Knecht. Dieser erzählte dem Magnus eines Tages, dass ihm schon zweimal auf dem Felde eine wunderschöne Jungfrau besucht habe, die singe so lieblich wie die Engel im Himmel und verspreche ihm viel, wenn er sie erlösen wolle. Er wisse nun gar nicht, was er tun solle. Magnus möge ihm doch raten. Magnus sprach: »Ich glaube, es ist kein böser Geist. Du solltest einmal mit ihr gehen.« Dazu war der Knecht auch entschlossen.

Und als die Jungfrau zum dritten Mal wiederkam, folgte er ihr. Sie führte ihn in eine Bergschlucht durch zwei Türen hindurch, die geöffnet waren. Eine dritte Tür aber öffnete sie selbst.

Da sah er vor seinen Augen alles, was es nur Herrliches und Schönes auf der Welt gab: Gold und Silber und Kostbarkeiten aller Art. Darauf sprach die Jungfrau zu ihm: »Sieh, dies alles ist dein, wenn du mich drei Mal küssen willst. Ich werde dir in drei Gestalten erscheinen. Das erste Mal komme ich als Kröte, das zweite Mal als Schlange, das dritte Mal als feuriger Drache. Jedes Mal musst du mich küssen. Sei ohne Furcht! Vorher aber ist es nötig, dass du eine Beichte ablegst.«

Der Knecht versprach alles und legte auch die Beichte ab.

Mittags um zwölf Uhr hörte man die Jungfrau oft mit heller Stimme singen. Sie besuchte dann den Knecht, während er auf dem Acker war, brachte ihm silbernes Geschirr und allerlei Gutes zu essen und zu trinken.

Nun kam die Zeit, die zu ihrer Erlösung bestimmt war. Am ersten Tag erschien sie ihm als Kröte und sprach: »So komm und küsse mich«, und er küsste sie. Am zweiten Tag erschien sie ihm als Schlange und sprach: »So komm und küsse mich«, und er küsste sie. Wie sie aber am dritten Tag in Gestalt eines feurigen Drachen kam, da ward es ihm angst und bang ums Herz und er vermochte sie nicht zu küssen, sondern lief davon. Da rief sie jammervoll: »Jetzt bin ich ewig verloren!« Und rannte ihm nach, bis nach Bittelschieß. Hier stürzte sie so heftig gegen die kleine Kirchentür, dass sie sich verwundete, wobei einige Blutstropfen an die Tür spritzten, die dort bis heute zu sehen sind und nicht schwinden wollen.

Die beiden Spieler

In Altshausen spielten einmal zwei Männer um Geld, von denen hatte der eine gesagt: »Ich spiele in Gottes Namen.« Der andere aber sagte: »Ich spiele in des Teufels Namen.« Der Letztere gewann nun in einem fort, während der andere, der in Gottes Namen spielte, alles verlor, was er hatte. Da zweifelte er an seinem Gott und im Zorn nahm er sein Gewehr und schoss auf ein Bild des gekreuzigten Heilandes, welches da stand. Zweimal verfehlte er den Kreuzstock. Als er ihn aber beim dritten Schusse traf, da floss Blut aus dem Bild; und sofort versank der Schütze bis zum Hals in der Erde. Niemand konnte ihn herausziehen. Nur ein frommer Priester, der mit Kreuz und Fahne herbeikam, vermochte ihn endlich zu befreien. Darauf ging der Spieler heim und schnitt sich in seiner Verzweiflung den Hals ab.

Das Loch aber, in dem der freche Schütze versunken war, ist geblieben. Schon mehr als hundert Mal hat man es mit Erde aufgefüllt, aber immer wieder sackt die Erde bis zu anderthalb Schuh tief hinab.

Der kopflose Reiter

Zwei Frauen fuhren in der Nacht von Riedlingen nach Rottenburg. Unterwegs, wie sie durch einen Wald fuhren, bemerkten sie, dass ein Mann zu Pferd ihren Wagen ständig begleitete. Da sagte die eine Frau zu ihm: »Es ist schön, dass wir hier im Wald einen so treuen Begleiter haben.« Er aber sagte nichts darauf. Sie fragte ihn dann noch einige Male, bekam aber keine Antwort. Da stieß die andere Frau ihre Gefährtin an und flüsterte ihr zu: »Ach Gott, sei doch still! Siehst du denn nicht, dass der Mann keinen Kopf hat?«

So kamen sie schweigend bis an das Tor von Rottenburg. Als der Torwart es geöffnet hatte und nach ihrer Einfahrt wieder schließen wollte, sagte die eine Frau: »Es wird gleich noch ein Reiter kommen, ihr könnt das Tor offen lassen.« »Oh, der ist schon oft da gewesen, der reitet immer zwischen Riedlingen und Rottenburg, geht aber niemals in die Stadt«, sprach der Torwart und riegelte wieder zu.

Der Bobbele von Offingen

In Offingen am Bussen hatte ein Mann einen Hausgeist im Stall, der für den Knecht alle Arbeit verrichtete. Er hieß der Bobbele. Dieser schaffte nicht nur selber fleißig, sondern war auch hinter den Dienstboten her, dass sie das Ihrige ordentlich taten, und mancher faule Knecht hat von ihm eine Ohrfeige gefasst.

Eines Morgens war aber im Stall nichts mehr getan, als der Knecht kam. Endlich, nach sieben Jahren, war eines Tages alles wieder vorgeschafft wie vordem. Da fragte der Bauer: »Bobbele, bist du's?« Darauf rief der Geist: »Ja, ich bin's!« Da fragte der Bauer weiter: »Aber wo bist du denn so lange gewesen?« Der Bobbele antwortete: »Hab' den Bonapartle helfen übers Meer tragen müssen.«

Der Geist vom Schlösslebühl

Im Buchauer Wald, wo der Fußweg nach Allmannsweiler führt, sieht man eine kleine überwachsene Erhebung im Boden, genannt der Schlösslebühl. Dort stand vor Zeiten ein Schloss.

In diesem gab es einst ein Kegelspiel, mit dem die Geister kegelten.

Einmal, es war in der Allerseelenwoche, ging ein Mann aus Dürnau durch den Wald. Plötzlich hörte er ein Getöse, als wären wohl hundert Holzmacher an der Arbeit, dass er meinte, der ganze Wald wolle über ihm zusammenbrechen. Voll Angst lief er nach Hause. Aber am anderen Morgen trieb ihn der Wunderfitz noch einmal hinaus, um zu sehen, wie viel die Holzmacher geschlagen hätten. Er fand aber den Wald noch im Stand wie zuvor: Kein Stamm war geschlagen, kein Stücklein verlegt. Doch mied man seitdem den Wald, soweit man konnte.

Der Geist bei Espasingen

Einst ritt der Abt des Klosters Petershausen im Herbst in den Hegau, um Geschäfte zu erledigen. Als er bei Espasingen über ein Moor reiten wollte, sah er, als eben der Tag anbrach, einen Menschen neben sich gehen, konnte ihn aber wegen des Nebels nicht recht erkennen.

Der Abt war so in Gedanken vertieft, dass er des Mannes neben ihm nicht weiter achtete. Als sie nun beide bis fast zur Mitte des Moores gelangt waren, dort, wo es am tiefsten ist, da ergriff der Mann, der neben dem Abt ging, den Zaum des Rosses und führte es mit Gewalt bis zum äußersten Rand eines Weihers. Der Abt merkte immer noch nichts – erst als der Geist das Pferd, das plötzlich zu schnauben anfing, in das Wasser führen wollte, entdeckte der Abt die Gefahr, in der er schwebte. Deshalb schrie er laut: »Hilf, Herr Gott! Hilf, heiliger Gebhard!« Da verschwand der böse Geist und der Abt war gerettet.

Das Mühlengespenst

Anno 1540 und noch etliche Jahre haben sich zu Meßkirch und in der Herrschaft Zimmern viel seltsame Dinge begeben.

Es hat der Wolf Spick, ein Müller zu Trettenfurt, einen Knecht gehabt, einen guten, frommen Gesellen. Der ist am Tag nach Georgi, als die Tage anfingen, sich kräftig zu strecken, früh aufgestanden, als es noch fast ganz dunkel war, mit dem Vorhaben, die Mühle zu beschütten. Es kam ihm vor, als ob diese leer ging. Ob er sich nun beim Aufstehen gesegnet hatte oder nicht, ist nicht bekannt. Wie er aber die Mühle beschüttet und wieder zu Bett gehen wollte, da hat er jemand vor der Mühle rufen hören. Wiewohl er nur im Hemd war, ist er doch vor die Mühle hinausgegangen. Da hat er zwei lange, schwarze Männer gesehen, die sind auf der Scheiterbeuge gesessen, und plötzlich sind sie bei ihm gewesen. Sie haben ihn, so erschrocken er war, unter die Arme gefasst und trotz seines Sträubens sind sie mit ihm davongegangen. Sie haben mit ihm geredet und begehrt, er solle ihnen den Weg nach Mengen zeigen. Sie haben ihn so gewaltig und gegen seinen Willen bis auf das Brückle bei Igelswies geführt.

Da hat er den Allmächtigen angerufen und gebetet, dass er ihn nicht verlasse, sondern von den Gespenstern erlösen wolle. Plötzlich sind zwei Jungfrauen mit weißen Kleidern erschienen. Die haben mit den zwei Männern geredet und verhandelt, dass sie ihn schließlich, aber nur ungern, auf dem Brücklein verließen. Damit sind die Jungfrauen und die Männer augenblicklich verschwunden, so dass der Müllerknecht nicht wusste, wohin sie gegangen waren.

In der Zeit, als die Gespenster von ihm gewichen sind, hat er auf der Igelswieser Höhe im Holz ein solch grausames, lautes Prasseln und Getös gehört, dass es ihm vorkam, als ob alle Bäume übereinander gefallen wären. Der gute Geselle ist umgekehrt und nur mit großer Mühe wieder in die Mühle gekommen und hat mehr einem Toten als einem Lebenden geglichen. Er ist vierzehn Tage so krank gelegen, dass er mit allen Sakramenten versehen worden ist und seinen Tod nahe sah. Aber durch die Hand des Allmächtigen ist er wieder zu Kräften gekommen, und lebt in diesem Jahr 1566 (wo der Chronist die Geschichte schrieb) immer noch.

Die Geisterhöhle bei Igelswies

Es war im Jahre 1508, da lebte zu Igelswies ein Hirte, der Hailpronner hieß. Er war gottesfürchtig und fromm.

Einmal führte er seine Herde auf die Weide zwischen Ingelswies und Igelswies. Hier legte er sich, denn es war heiß und er wurde schläfrig, mitten auf einen Kreuzweg, worauf er sofort einschlief. Bevor die Dämmerung einbrach, erschien ein Gespenst, das packte den Hirten, so dass er sich nicht mehr regen konnte. Der Mann wehrte sich zwar und rief Gott um Hilfe an, aber dessen ungeachtet fuhr das Gespenst mit ihm durch die Lüfte davon. Nach einigem Hin und Her gelangten sie bei Boltersweiher in den Wald. Das Gespenst führte den Hirten, nachdem beide wieder auf festem Boden waren, in eine verborgene Höhle, wo die sonderbarsten Dinge zu sehen waren. Viele Leute waren da, Männer wie Frauen, noch lebende, aber auch schon verstorbene, unter denen er manche erkannte. Zwei Tage blieb er hier ohne Essen, Trinken und Schlaf.

Am dritten Tage brachte das Gespenst den Hirten auf gleichem Wege wieder zurück. Über dem Kreuzweg warf es ihn herab, so dass er meinte, alle Knochen im Leibe seien ihm gebro-

chen. Dennoch gelang es ihm, auf mühselige Weise Igelswies zu
erreichen. Dort hörte er zu seinem Erstaunen, dass man schon
drei Tage nach ihm gesucht hatte. Er meinte, er sei nur eine viertel Stunde in der Höhle gewesen. Er erholte sich von seinem Falle nicht mehr und verstarb am dritten Tag.

Die Geisterkirche

Zu Meßkirch war es gebräuchlich, dass man alle Tage in der Frühe die Messe sang. Darum ist eines Winters der alte Mesner samt
dem ältesten Kaplan in die Kirche gegangen, der eine, um die
Mette zu läuten, der andere, um bei Sankt Martins Lichtern seine Gebete zu verrichten. Wie nun der Mesner die Kirche aufgeschlossen und beide hineingetreten sind, haben sie im Scheine
der brennenden Ampel einen weiß gekleideten Mann auf der
Kanzel gesehen, auch unten in den Betstühlen etliche Leute, die
in weißen Kleidern dagesessen sind und dem Manne auf der
Kanzel andächtig zugehört haben. Sobald aber die beiden ins In-
nere der Kirche vortreten wollten, war plötzlich alles verschwunden, als wäre es nur ein Traum gewesen.

Das Wuotesheer und der Nachtwächter

Im Jahre 1550 hat man das Wuotesheer zu Meßkirch gehört. Da
fuhr es in einer Herbstnacht um zehn Uhr mit großem Unge-
stüm vom Banholz über die Ablach. Nach einer Weile kam es

die Herdgasse heran und zog über die Ablachbrücke dem Bach nach und die Katzensteig hinauf mit wunderlichem Getöse, lautem Geschrei und Geklingel. Wohl vermochten's die Wächter auf dem Turm und andere in der Stadt zu hören, aber nicht zu sehen. Das Heer ist nach Herdlin zugefahren, an Rohrdorf vorbei ins Hardt. In selbiger Nacht ist es noch vom alten Burgstall wie ein Sturm hinab nach Veringen an der Lauchert gekommen.

In dieser Nacht, ungefähr um zwölf Uhr, wollte der Nachtwächter, mit Namen Hans Dröscher, die Stund ausrufen. Indem ist das Geschell angegangen und vom alten Schloss herabgekommen. Und einer hat den Hans Dröscher angeschrien: »Mano! Mano!« Der gute Wächter hat sich gefürchtet und wohl gemerkt, dass es nicht mit rechten Dingen zuging. Er hat nicht gleich antworten wollen. Der andere aber hat es so lang mit Schreien und Rufen getrieben, bis der Wächter zu ihm gegangen ist. Da hat er den Mann gesehen, bekleidet wie ein Kriegsmann. Dem war das Haupt in zwei Teile bis an den Hals gespalten, davon der eine Teil auf der Achsel lag. Der Mann oder das Gespenst hat den Wächter gebeten, er solle ihm den Kopf wieder zusammenbinden, damit er dem anderen Haufen wieder folgen könne. Der gute Wächter war ganz erschrocken und sagte, er könne ihn nicht verbinden, aber er wolle einen Barbier holen. Doch der andere wollt's nicht zulassen und drang darauf, dass der Wächter ihn verbinde. Währenddessen erzählte er dem Dröscher, dass er von Veringen gebürtig und ihm im Krieg der Kopf gespalten worden sei, jetzt aber gehöre er zum Wuotesheer. Er dankte ihm fürs Verbinden und sagte, er solle ihm nicht nachsehen, sonst würde es ihm nicht gut ergehen. Dann schieden sie voneinander. Ob der Wächter ihm nachgesehen, weiß man nicht. Der Wächter ging heim, ward krank und legte sich nieder. Das ist gewisslich geschehen, und der Wächter lebt noch heutigen Tags zu Veringen (im Jahre 1550).

Das Wuotesheer bei Saulgau

Oft hörte man das wütende Heer im Frankenbuch, einem Waldstrich zwischen Wilfertsweiler und Schwarzenbach, meistens an Allerseelen, Allerheiligen, zu Ostern, Pfingsten und Weihnachten. Dabei ertönte eine schöne Musik, die nach und nach immer lauter wurde. Zwischendurch waren Rufe zu vernehmen wie »Aus Wegs!« oder »Man soll sich legen!« Die Musik verwandelte sich in ein sturmähnliches Gerassel, so dass man glauben musste, im Wald sei alles zusammengebrochen. Sah man aber des anderen Tags nach, so gab es nicht die geringsten Verwüstungen.

Wird man vom Wuotesheer überrascht, dann muss man sich quer auf den Weg legen, auf die rechte Körperseite mit gekreuzten Armen.

Das silberne Messer

Bei Fleischwangen in der Federseegegend, da wo einst die Burg des Ritters Hans von Ringgenburg stand, erschien vor Zeiten oft ein schönes Fräulein in schwarzseidenem Gewand auf dem Felde bei den Schnittern und brachte ihnen einen Krug Wein und ein Laiblein schneeweißen Brotes. Das Fräulein hatte alleweil ein silbernes Messerlein dabei und sagte immer dazu: »Gebt mir mein Messerlein wieder, sonst bin ich verloren!« Lange ging es so gut und die Knechte und Mägde gaben das Messerlein immer wieder zurück. Aber einmal war ein roher Geselle unter ihnen, der behielt es. Und so sehr das Fräulein auch bat und flehte, der Knecht gab es nicht heraus. Da raufte sich das

Fräulein das Haar, zerriss sein seidenes Kleid und verschwand, als ob die Erde es verschlungen hätte. Seitdem ist es nimmer gesehen worden.

Laura auf dem Sitz

Im Lauratal bei Weingarten hauste einst die Jungfrau Laura. Sie saß in einem weißen Kleid, mit einem Bund Schlüssel am Gürtel und einem Wasserkrüglein in der Hand auf ihrem Steinsitz. Von dort kam sie bisweilen zu einem Brünnlein im Scherzachtal, schöpfte dort Wasser und sprach dazu: »Ich muss eine Linde tränken so lange, bis der Baum groß und stark geworden. Alsdann wird aus diesem Baum eine Wiege gefertigt, in dieser wird das Kind gewiegt, das mich erlösen wird.«

Zu Zeiten erschien die Jungfrau Laura auch im Wald. Ein Kind, das sich verirrt hatte, spürte plötzlich ein warmes Lüftlein um sich wehen. Und alles ringsum wurde so grün und blühend, dass es eine Lust zu sehen war. Erdbeeren wuchsen in Fülle am Boden, dass das Kind nur zu pflücken hatte. Die Jungfrau stand plötzlich in weißem Gewand neben dem Kinde und winkte ihm. Sie hatte einen weißen Schleier vor dem Gesicht und ihr Gesicht war weiß wie Wachs. Dann verschwand sie plötzlich unter dem Stein, auf dem sie sonst saß.

Der Schatz im Bussen

Seit vielen hundert Jahren liegt im Bussen ein Schatz verborgen. Durch den alten Schlossturm führen drei eiserne Türen zu

Überreste der Burg auf dem Hohen-Baßten,
und Aussicht gegen das Kloster Monchhthal
— D gegen Die alp. m. W. 39. a. 23 Jun. 1816.

Der tapfere Gerold, Graf von Baßten, Herzog
zu Schwaben, Obrster Feldhauptmann Reiser
Carll d. Jroßen wurde den Kloster den Elm
in Vorschub in d. Deuschlingen.
Gerolds Schwester, die Hildegard, war Carls Gemahlin.

1308.

ihm. Wer den Schatz heben will, muss nachts um zwölf Uhr hin-
absteigen und den Anblick dreier Schreckgestalten ertragen,
ohne die Flucht zu ergreifen. Das erste Schrecknis ist ein altes,
hässliches Weib. Es sitzt vor der Goldtruhe am Spinnrad und
schnappt mit einer Schere immer nach dem Faden, an dem als
Wirtel ein gewaltiger Mühlstein hängt, so dass der verwegene
Schatzsucher jeden Augenblick Gefahr läuft, von dem Mühlstein erschlagen zu werden. Das zweite Schrecknis ist eine Feuer
speiende Schlange, die ein goldnes Krönlein auf dem Kopf trägt
und den Schlüssel zur Truhe im Maul hat. Das Schrecklichste
aber ist ein riesiger schwarzer Pudel mit glühenden Augen, den
man, noch ehe die Glocke ein Uhr schlägt, von der Schatzkiste
wegjagen muss. Wer keck hinzutritt und sich vor nichts fürch-
tet, der kann den Schatz heben.

Die Kette um die Kirche

Ein Bauer fuhr einmal auf dem Weg nach Biberach mit einem vollen Kornwagen durch Laupheim. Als er dabei an der Kapelle des heiligen Leonhard vorbeikam, war eben Wandlungszeit. Dessen ungeachtet knallte der Bauer gewaltig mit seiner Peitsche los. Siehe da, plötzlich kam er auf einmal nicht mehr weiter, obwohl die Straße vollkommen eben verlief. Kein Ross wollte mehr anziehen. Da gelobte er in seiner Angst, er wolle dem Heiligen zu Ehren eine eiserne Kette um die Kirche schmieden lassen. Sofort zogen die Pferde wieder an und er kam glücklich nach Biberach.

Auf dem Rückweg aber hatte er sein Gelöbnis schon vergessen. Doch als er an der Kirche erneut vorüberziehen wollte, kam er wieder nicht weiter. Jetzt erst erinnerte er sich an sein Versprechen, ließ sofort eine Kette machen und sie um die Kirche legen. Sie ist heute noch zu sehen.

Das verwunschene Schloss im Blutsberg

Zwischen Altmannshofen und Eschach im Oberland liegt der Blutsberg. Auf diesem stand vor Zeiten ein Schloss. Dort ging es hoch her. Ja, man wusste darin gar nicht, wohin mit all den guten Dingen, die täglich auf den Tisch kamen. Oft wischte man mit den übrig gebliebenen Küchlein den Kindern das Hinterteil. Eine brave Magd entsetzte sich darüber und erbot sich, dieses Geschäft mit ihrer schönsten seidenen Schürze zu tun, nur um den Frevel nicht immer wieder begehen zu müssen. Aber die Leute auf dem Schloss gingen nicht in sich.

Da kam eines Tages ein fremder armer Mann auf das Schloss und bat um ein Almosen. Die Schlossfrau hieß ihm eins der missbrauchten Küchlein zu reichen. Der Bettler mahnte darauf die brave Magd, das Schloss sofort mit ihm zu verlassen. Als sie vor dem Tor waren, da kehrte sich der Fremde noch einmal um und tat einen schweren Fluch. Da spaltete sich die Erde. Und das Schloss versank in die Tiefe, indes die Erde über ihm zusammenschlug. Noch nach drei Tagen hörte man den Hahn in der Tiefe krähen.

Der Teufel und der Doktor

Es war einmal ein Doktor im Allgäu, der ging öfters ins Gebirge, um heilsame Kräuter zu suchen. Da kam er einst von ungefähr an einer großen Tanne vorbei und bemerkte, dass in einer ihrer Wurzeln ein kleines Zäpflein steckte. Wie er es so betrachtete, hörte er auf einmal eine dumpfe Stimme, die kam hinter dem Zäpflein aus der Wurzel. Da fing er an, an dem Zäpflein zu ziehen, und als er es herausgezogen hatte, da sprach die Stimme:

»Ich bin hier hineingebannt und kann erst heraus, wenn du mich eigens herausrufst. Willst du das tun, so werde ich dir alle Heilkräuter zeigen, die es im Gebirge gibt.« Darauf rief der Doktor voll Freude: »So komm heraus!« Da kroch etwas aus dem Loch und verschwand sogleich im Grasboden. Plötzlich richtete sich ein hagerer Mann vor dem Doktor auf und sprach zu ihm: »Komm mit!«

Nun wanderten sie weit umher im Gebirge und der Teufel – denn dieser war es – zeigte ihm vieles, was der Doktor bisher nicht gekannt hatte. Das wäre nun alles recht gewesen, nur wurmte es den Doktor immer mehr, dass er um diesen Preis dem Teufel wieder auf die Beine geholfen habe. Darum sann er auf ein Mittel, diesen wieder unschädlich zu machen.

Eines Tages sagte er zum Teufel: »Der Euch in die Tanne hineingebannt hat, muss doch ein mächtiger Mann gewesen sein, dass er imstande war, Euch in so ein kleines Loch hineinzuzwängen. Aus eigener Macht könntet Ihr Euch wohl schwerlich so zusammenziehen.« »Oh, warum denn nicht? Das ist für mich eine Kleinigkeit«, sprach der Teufel. »Verzeiht«, erwiderte der Doktor, »ich halte zwar viel von Eurer Macht und Kunst, kann mir aber trotzdem nicht denken, wie Ihr das so mir nichts, dir nichts fertig bringen wollt.« »Was gilt's, ich kann's«, sprach der Teufel. »Vielleicht, aber ich möchte es doch lieber sehen«, beharrte der Doktor. Da rief der Teufel: »Gib acht, wie leicht das geht!« Sprach's und kroch alsbald in das kleine Loch hinein. Der Doktor hatte unterdessen das Zäpflein schon bereitgelegt. Schnell steckte er es hinter dem Teufel in das kleine Loch und schlug es wieder fest hinein.

So war der Teufel wieder eingesperrt wie vorher, indes der Doktor sich der Kräuter freute, die er nun kennengelernt und die er zu Nutz und Frommen der Menschen zu verwenden gedachte.

Die Teufelshand im Stein

Als die Brücke über die Schussen in Ravensburg gebaut wurde, schloss der Baumeister mit dem Teufel einen Bund. Wenn er ihm beim Bauen helfe, solle die erste Seele, welche die Brücke

passiere, ihm gehören. Mit des Teufels Hilfe war die Brücke bald fertig. Da ließ der Baumeister als erstes einen Hahn über die Brücke gehen. Der Teufel war darüber so erbost, dass er einen gewaltigen Stein auf die andere Seite der Schussen warf. In den Stein drückte sich seine Krallenhand ein. Noch lange Zeit lag der Stein in der Nähe der Brücke.

Das Falkenhofer Weible

Zwischen Sauggart und Uttenweiler liegt der Falkenhofer Wald. Dort geht das Falkenhofer Weible um. Es erscheint als kleines Flämmchen auf Marksteinen und hat seine Freude daran, bei Nacht den Wanderer irre zu führen.

Einstmals ging ein Mann von Uttenweiler durch den Falkenhofer Wald. Plötzlich hörte er einen schönen Gesang. Er glaubte einen Vogel singen zu hören und wollte ihm nachgehen. Er lief und lief und fand ihn nicht. Plötzlich, wie er schon glaubte bei ihm zu sein, fuhr es feurig vor ihm auf und das Weible stand mit flammendem Gesicht und einer Haube auf dem Kopf vor ihm. Gleich darauf war es wieder verschwunden.

Der Glockengumpen

In der Nähe von Biberach hat die Riß eine tiefe Stelle, der Glockengumpen geheißen. Der Name rührt von folgender Begebenheit her: Es sollte einmal eine Glocke nach Ulm ins Münster gebracht werden. Als der Wagen mit ihr über die Riß fuhr, fing auf einmal die Glocke an, unruhig zu werden. Sie bewegte sich auf dem Wagen umher und begann zu reden:

>»Eh' ich mich ins Münster häng',
>ich mich in der Riß ertränk'!«

Im gleichen Augenblick stürzte sie sich hinab ins Wasser und niemand sah sie wieder. Und dort in der Riß liegt die Glocke heute noch.

Die versunkene Burg

Bei Ochsenhausen erhebt sich ein Hügel, die Burghalde genannt, auf dem früher ein prächtiges Schloss stand. Eines Abends soll vor vielen Jahren ein gewaltiger Erdstoß im Schlosse verspürt worden sein. Dieser wiederholte sich und mit einem gewaltigen Donnerschlag versank das Gebäude in der Tiefe.

Die Bewohner des nahe liegenden Ortes Goppertshofen merkten nicht das Mindeste davon und konnten sich nicht erklären, wohin das Schloss mit einem Male hingekommen sein sollte. Erst später wurde das Rätsel gelöst.

Von der Kammerfrau des Grafen wurde bekannt, dass ihre Seele keine Ruhe gefunden habe. Sie musste umgehen, zeigte sich einem Mann von Goppertshofen und erzählte ihm vom Untergang des Schlosses. Auch liegt im Berginnern seit dieser Zeit ein Schatz verborgen, der noch nicht gehoben wurde.

Der Schmiedegeselle und das Schrättle

Ein Schmied in der Kißlegger Gegend hatte einst einen Gesellen, der gar viel und arg unterm Schrättle zu leiden hatte. Jede Nacht ist der Quälgeist gekommen und ihm auf die Brust gesessen und hat ihn stark gedrückt. Einmal aber blieb der Geselle wach, um seines Quälgeistes habhaft zu werden. Schlag zwölf Uhr erschien das Schrättle und ging tripp, trapp seinem Bette zu und hüpfte ihm auf die Decke. Flugs griff der Geselle mit beiden Händen danach – und was hielt er in Händen? Einen Strohhalm!

Der Geselle wusste aber, dass er den Schratt im Strohhalm, in den dieser sich gerne verwandelte, erwischt hatte. Er nahm also ein Messer, stutzte den Halm etwas und warf ihn weg. Als er am Sonntag wie gewöhnlich in die Kirche kam, sah er ein altes Mütterlein, das verletzt war. Die Frau stand im ganzen Dorf im Rufe, eine Hexe zu sein. Er zweifelte also nicht länger, wer sein Plaggeist gewesen war. Er ging zu ihr ins Haus, beschimpfte sie und drohte mit noch Ärgerem. Von der Stunde an war der Geselle vom Schrättledruck frei.

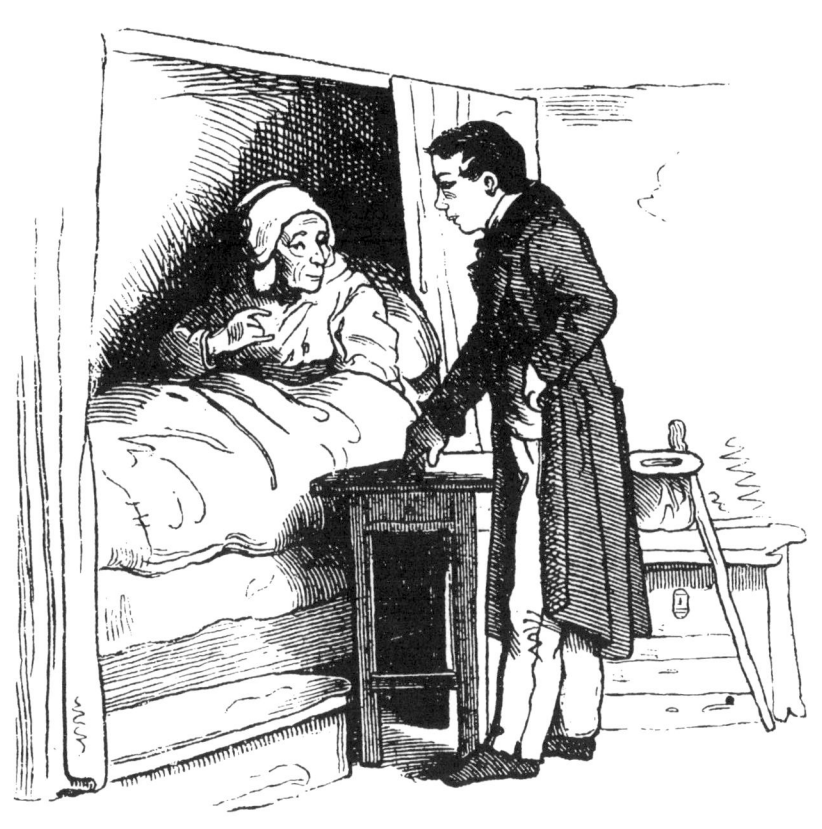

Der Müllerknecht und das Schrättle

Ein Müllerknecht in der Gegend von Tettnang wurde lange Zeit von einem Schrättle heimgesucht. Da atmete er einmal in der Nacht so schwer und stieß so bange Töne hervor, dass sein Schlafkamerad erwachte und schnell ein Licht anzündete. Da lag quer über dem Bett ein Strohhalm, den sie ins Feuer warfen.

Als der Müllerknecht am anderen Tag in das Haus seiner Nachbarin kam, hatte diese Brandwunden an Händen und Füßen. Er aber war seitdem vom Druck des Schrättle frei.

Schrattweis gehen

Eine Magd im württembergischen Oberland musste »schrättelweise« gehen. Ihr Leib lag dann wie tot im Bette oder in ihres Bauern Stube am Boden. Die Seele aber kroch in Gestalt einer weißen Maus aus ihrem Munde. Die Mutter der Magd war eine »Schratt« und von dieser hatte die das »Schrattweis gehen« geerbt. Vor Anstrengung war diese Magd ganz krank, so dass ihr Herr dachte, sie müsse eine Schratt sein, und darum besonders auf sie aufpasste.

Nachts um zwölf Uhr sah der Bauer sie in die Stube gehen, umfallen und – kurz darauf – eine weiße Maus zum Fenster hinaus dem Stall zuspringen. Er eilte vor die Tür und nahm schnell ein Brett weg, das als Steg über eine Mistlache zum Stall führte. Da konnte die Maus nicht hinein in den Stall. Aber da das Schrättle auf jeden Fall etwas drücken musste, drückte es die große Eiche, die im Hof lag. Anderntags war die Magd blau vom Drücken. Da sprach der Bauer unter vier Augen mit ihr und verriet, was er gesehen hatte. Die Magd weinte und entschuldigte sich, dass sie dieses Übel geerbt habe. Der Bauer antwortete, er wolle ihr helfen, koste es, was es wolle. Die Magd aber antwortete: »Da müsste ich ja Euer schönstes Ross im Stall erdrücken.« Der Bauer erlaubte ihr das. Und von der Stunde an war die Magd erlöst.

Der Hexenritt

Im Oberland lebte einmal ein Ehepaar. Die Frau aber war eine Hexe und ritt viele Nächte immer fort. Ihr Mann merkte, dass sie oft nachts nicht in ihrem Bett war, doch er wusste nicht weshalb.

Einmal schlich er ihr nach und schaute von der Stube aus durch das kleine Küchenfensterle in die Küche hinein. Gerade langte die Frau nach einem Besenstiel, nahm einen Salbentopf vom Kamin herab, bestrich den Besenstiel mit der Salbe, setzte sich darauf und fuhr durch den Rauchfang hinauf. Der Mann hörte sie rufen: »Hopp, hopp, auf und nirgends na!« Der Mann, nicht faul, machte es auch so und fuhr wie das Wetter durch den Kamin hinaus.

Nach langer Fahrt durch die Luft kam er in einen ungeheuren Saal, in dem ein großer Hexentanz stattfand. Von Mitternacht bis in den Morgen ging es lustig her.

Auf einmal hörte er in dem Gewühle ein Gemunkel: »Jetzt läutet die Betglocke.« Husch war alles wie weggeblasen und zerstoben. Der Mann wusste nicht, was dies zu bedeuten hatte. Von Ferne hörte er die Frühglocke läuten und auf einmal saß er auf weitem, ödem Felde in einer landfremden Gegend, wo nichts als Gräber und Totengerippe zu sehen waren. Zwei Jahre brauchte er, bis er wieder in seine Heimat kam.

Die Hexe von Aulendorf

Die Hirschenwirtin von Aulendorf war eine flinke Frau. Sie pflegte manchmal morgens in der Küche zu sagen: »Tut mir jetzt das Schmalz über das Feuer. Ich gehe nur geschwind auf den Wochenmarkt nach Biberach, um Zwiebeln zu kaufen.«

Kaum gesagt, war sie schon durch den weiten Küchenkamin verschwunden. Innerhalb fünf Vaterunser war sie wieder mit frischen Zwiebeln da, die sie aufschnitt, in das Schmalz warf und noch zur guten Zeit in die Suppe goss.

145

Die Hexe von Stadion

Zwischen Oggelshausen und Stadion trieb ehedem eine Hexe ihr arges Unwesen. Eine Weibsperson, Bethe von Stadion, soll sich des Öfteren in einen Hasen verwandelt und dem Jäger viel zu schaffen gemacht haben. Sehr oft wusste sie es zu verhindern, dass er andere Hasen vor den Lauf bekam.

Einmal bekam er das verdächtige Tier wieder vor die Flinte und sagte, während er abdrückte: »Wart', ich will dir helfen!« Er traf den Hasen, bekam ihn aber nicht.

Als der Jäger heimkam, lag die Bethe von Stadion im Bett und hatte böse Füße.

146

Die Hexe zu Obermarchtal

Eine Frau, die als Hexe angeklagt und gefoltert worden war, beteuerte dem Scharfrichter ihre Unschuld und sagte in ihrem letzten Augenblick zu ihm: »So wahr ich unschuldig bin, so wahr ist es, dass der Pfahl, an den ich gebunden bin, nach meinem Tode blühen wird.«

Das soll, obwohl das Feuer den Pfahl stark angegriffen hatte, auch geschehen sein.

Der Wassermann in Rötenbach

In Rötenbach bei Uttenweiler zwischen Donau und Federsee hört man bei Nacht den Wassermann zu Zeiten mächtig plantschen. Bald könnte man meinen, ein riesiger Fisch peitschte das Wasser, bald, ein vierspänniger Wagen rassle durch den Bach.

Ein Bauer, der seinen Garten dicht daneben hatte, sah einst am hellen Tag eine weiße Kuh in seinem Garten grasen, die er noch nie gesehen hatte. Er wollte sie einfangen, aber sie verschwand mit einem lautem Platsch im Bach.

Ein andermal hörte er in mondheller Nacht jemanden seine Obstbäume schütteln. Er glaubte, es seien Diebe und eilte hinaus. Da sah er zwei weiß gekleidete Burschen von den Bäumen rutschen und in den Bach laufen, wo sie verschwanden. Im Garten lag aber weder Stiel noch Blatt am Boden, obwohl die Bäume gewaltig geschüttelt worden waren.

Der Geisterpudel
bei der Kißlegger Burg

Der Doktor Moosbrugger, der vor rund hundertzwanzig Jahren Arzt in Kißlegg gewesen war, wurde einmal noch spät in der Nacht von einem Bauern mit dem Wägele zu einem Kranken geholt.

Als sie um Mitternacht an der alten Burg vorbeifuhren, stand mitten auf der Straße ein großmächtiger Pudelhund mit feurigen Bollaugen. Die Rosse fingen an zu zittern und zu schäumen, während der Hund vor dem Wagen hersprang, einmal auf der linken Seite, einmal auf der rechten. Erst als der Bauer ein Kreuz schlug, verschwand der Spuk.

Der Geisterpudel ist auch anderen begegnet. Stets schloss er sich den Leuten bei der alten Burg an und begleitete sie das kleine Stück bis zum Hahnensteiger Weiherle, wo er dann mit einem großen Satz ins Wasser sprang.

Der Schatz im Steinbühl

Im Steinbühl zwischen Luttolsberg und Frauenzell bei Leutkirch an der bayerischen Grenze ist ein Schatz verborgen, eine große Kiste mit Geld. Alle sieben Jahre erscheint die Kiste oben auf dem Hügel in der Sonne und versinkt dann wieder.

Einstmals vor vielen Jahren gingen Bauern von Luttolsberg und Frauenzell des Nachts auf den Steinbühl, um den Schatz zu heben. Es schlug an einem entfernten Kirchturm gerade zwölf

Uhr. Sie gruben über Hals und Kopf und stießen auf eine schwere, schwere Kiste. Aber auf der saß eine kohlrabenschwarze
Katz mit feurigen Augen, so groß wie Pflugrädlein. Die Kiste
wurde heraufgezogen, aber wie sie schon weit oben war, sprang
die Katze kurz in die Luft und die Kiste sank wieder nieder.

Auf einmal erschien am Wald drüben ein steinaltes Weib,
dies umkreiste den Hügel und schrie lauter, immer lauter:

»Lasst das Graben, tut's bei Tag.« Unwillig darüber, fing einer der Bauern zu fluchen an. Beim Heben eines Schatzes darf einem nun aber kein Sterbenswörtlein über die Lippen kommen. Und so stürzten im selben Augenblick Katze und Kiste wieder in den Abgrund des Steinbühl. Hätten sie reinen Mund gehalten, so hätten sie gewiss den Schatz bekommen.

Die Schatzgräber vom Kocherhof

Nicht weit von Krumbach bei Kißlegg steht der Kocherhof. Früher soll, wie die alten Leute sagen, dieser Hof weiter oben bei der Kiesgrube gelegen haben. Weil es da oben aber umging, hat man den Hof später verlegt.

Solange er noch am alten Platz bei der Kiesgrube stand, soll jedes Mal, wenn der Bauer spät heimkam, ein riesengroßer Mann vor ihm gestanden haben, der davor unter dem Vordach auf dem Stroh gelegen hatte. Der unheimliche Riese sagte nie ein Wörtlein, sondern schaute den Bauern nur ganz eigenartig an und ging dann langsam davon.

Im neu gebauten Hof glaubte man nun Ruhe vor dem Gespenst zu haben. Aber eines Tages ging es auch hier wieder los. Es fing damit an, dass ein paar studierte Herren aus Stuttgart kamen und im Grundstück des Bauern nach römischen Sachen zu graben begannen. Sie sollen alte Krüge und Scherben und anderes altes »Zuig« gefunden haben. Als die Herren einmal beim Essen saßen, wollte eine neugierige Magd die ausgegrabenen Häfele sehen. Wie sie an die Grube kam, glaubte sie ihren Augen nicht zu trauen; denn da lag zwischen den Häfen und Scherben ein riesiger Haufen mit Talern. Eine Hand voll Taler nahm die Magd und tat sie in ihre Schürzentasche. Dann aber rannte sie ganz aufgeregt ins Haus und rief, man solle gleich kommen, draußen liege ein großer Haufen Geld. Wie man aber hinauseilte, war weit und breit nichts mehr zu sehen. Nur die Taler, die die Magd weggenommen hatte, siebzehn waren es im Ganzen, bewiesen, dass es stimmte, was sie gesagt hatte. Die Taler seien etwas größer als ein altes silbernes Fünfmarkstück gewesen. Vorne drauf war ein geflügelter Löwe und die Aufschrift »Sanctus Marcus Venetia« und die Zahl 140. Auf der Rückseite sei ein Kreuz gewesen und die Inschrift »Johannes Bembo, Dux Venetiae«.

Dem Bauern ließ der verschwundene Geldhaufen keine Ruhe mehr. Deswegen schickte er seinen Buben nach Knollengraben bei Ravensburg, wo ein berühmter Hexenmeister wohnte.

Am anderen Tag, es war ein Freitag, kam der Hexer aus Knollengraben auf den Kocherhof. Mitten in der Stube machte er mit geweihter Kreide einen großen Kreis auf den Boden, stellte in die Mitte dieses Zirkels Tisch und Stuhl und auf den Tisch zwei brennende geweihte Kerzen samt einer Sturmlaterne. Um die Geisterstunde betrat der Hexenmeister den Kreis und fing aus seinem Buch zu lesen an. Plötzlich stand der große Mann in der Stube. Der Hexenmeister blies die zwei Kerzen aus und hub an, jenen zu fragen. Aber er brachte ihn nicht zum Schwätzen. Wenn der Hexer fragte: »Wo ist das Geld?«, streckte der Geist bloß einen Arm aus, einmal den linken, einmal den rechten, und machte mit der Hand eine Bewegung, die bedeuten konnte: Das ist mein Geheimnis und das verrate ich nicht. Und ehe sich der Hexenmeister und der Kocherbauer versahen, war das Gespenst auch schon wieder verschwunden.

Nun lässt weder ein Hexer noch ein Bauer gern so einen Haufen Geld aus. Deswegen versuchte Ersterer am Freitag darauf seine Zauberkunst von neuem, diesmal draußen im Schopf und mit einem anderen Hexenbuch. Und dieses Mal kam der Geist mit Ross und Wagen und mitsamt seinem Geld. Der Bauer, der während der Beschwörung zum Kammerfenster hinausgeschaut hatte, hatte ganz deutlich gesehen, wie plötzlich ein »Truchewägele«, also ein Truhenwagen, auf den Hof zufuhr, vorne dran ein Gaul mit einem »Gschell«, so dass man's schon von Ferne hörte, und hintendrauf stand eine offene Truhe, gehäuft voll blanker Taler. Der Fuhrmann aber war kein anderer als der unheimliche große Mann. Das Geisterfuhrwerk rollte bis zum Hoftor, hielt an, der auf dem Kutschbock tat einen lauten Jubelschrei und – alles war verschwunden. Der Hexenmeister ging auf solches hin ganz mutlos aus dem Haus. Es gehe über seine Kraft, sagte er; jener sei stärker als er. Der Bauer solle das Geld lassen, wo es sei, denn das bringe keiner her.

Jahre darauf kam einmal eine Zigeunerin zum Kocherhof. Die hatte wohl von dem Schatz gehört und gab dem Bauern den Rat, er solle es doch noch einmal versuchen. Er brauche nur um den Platz, auf dem der Geldhaufen gelegen habe, ein Quadrat von drei oder vier Metern Seitenlänge ziehen und an den nächsten drei Feiertagen hintereinander vom Gebetläuten bis Mitternacht graben, ohne dabei zu sprechen. Dann gab sie dem Bauern und seinem Buben jedem eine schwarze Wurzel. Die musste die Bäuerin den beiden in den Hosensack nähen. Zwei Feiertage lang ging die Graberei gut. Am dritten aber, an dem der Geist hätte kommen sollen, stießen sie nachts um halb zwölf auf einen großen Stein, so dass alles Graben und Hauen nichts ausrichtete. Dies verleidete es dem Bauern auf einmal und er fing an zu fluchen, dass es nicht mehr schön war. Der Bub aber sagte erschrocken: »Oh Vattr, hosch jetzt du di Maul it halte könne?

Jetz isch alls umasonscht. Jetzt hand mr d'Arbet ghet und erscht koi Geld.« Und so war es dann auch, selbst die Wurzeln in den Hosen waren verschwunden.

Von dieser Zeit an hat man auf dem Kocherhof nichts mehr unternommen, um den Schatz zu heben. Solange der Bauer gelebt hat, ist auch der große Mann nicht mehr erschienen. Eine Frau vom Kocherhof aber hat später noch einmal am hellen Tag in Hubers Hölzle den großen Mann gesehen, wie er einen Haufen Taler in einen Sack füllte. Sie erschrak aber über diesen Anblick so, dass sie auf und davon lief. In diesem Wäldchen ist es nach dem Gebetläuten nie recht geheuer gewesen. Fuhrleuten warf es entweder den Wagen um oder es blieben ihnen die Rosse stehen. Erst wenn man an die Geißelschnur drei Knöpfe gemacht und unter Nennung der drei höchsten Namen mit der Geißel ein Kreuz über das Gespann schlug, zogen die zitternden Pferde wieder an.

Vom Schatz auf dem Kocherhof und dem großen Mann hat man aber schon lange nichts mehr gehört.

Der Schatz im Spitalgarten

Im Spital von Königseggwald arbeitete vor etlicher Zeit die Großmutter des Schulmeisters im Garten. Um einiges einzupflanzen, hob sie mit ihrem Spaten eine Grube aus. Plötzlich stieß sie dabei gegen etwas Hartes.

Mürrisch maulte sie vor sich hin: »Des sind bestimmt wieder en Hufe Stoener.« Im selben Augenblick sah sie zu ihren Füßen im Boden einen riesigen eisernen Ring blinken. Als sie sich niederkniete und nach ihm greifen wollte, fuhr ein Kessel gefüllt mit Goldstücken augenblicklich in die Tiefe. Wäre sie still geblieben und hätte sie nicht vor sich hingebruddelt, dann hätte der Schatz ihr gehört.

Der wilde Jäger

In einem Gehölz bei Königseggwald, dem »Wagenhart«, trieb sich viele Jahre der Geist eines wilden Jägers herum. Der Jäger – oder der Laute, wie ihn die Leute auch nannten – hatte zu Lebzeiten den Sonntagsfrieden verachtet. Er ging mit Lust auf die Pirsch und versuchte immer wieder, die Burschen oder jungen Männer vom Kirchgang abzuhalten, und zwang sie, oft wenn es gerade zusammenläutete, mit ihm auf die Jagd zu gehen. Wie gebannt mussten sie hinter ihm drein, durch Wälder und Felder. Wenn dann in der Ferne die Glocken zur Wandlung läuteten, dann trieb der die Burschen mit Hallo und Hussa quer durch den Wald und schrie wilde Flüche. Für solch einen Frevel musste er nach seinem Tode im »Wagenhart« geistern. Nicht nur in

den Nächten, sondern auch zu gewissen Zeiten tagsüber jagte er im Gehölz umher. Die Leute hörten dann, wie der wilde Laute über die Tannenwipfel hinwegbrauste, sie hörten Hörner bla-sen, Peitschen knallen und Hunde bellen.

Oft gelang es ihm, an Herbstabenden die Leute vom rechten Weg ab in das Unterholz zu locken, bis sie wegen der aufkommenden Nacht weder vor noch zurück wussten und viele Stunden, oft über die ganze Nacht, im Wald herumirrten und nicht mehr heimfanden.

Eines Tages war der wilde Spuk vorbei und der Laute geistert seitdem nicht mehr im »Wagenhart« umher. Aber eine Redensart hat sich noch in der Königseggwalder Gegend erhalten. Wenn sich einer verirrt hat, dann kann er sagen: »Ich mein', der Laute häb mi irre gführt.«

Das Altdorfer Waldweiblein

Im großen Forst, dem so genannten Altdorfer Wald, hauste noch vor etwa einem Jahrhundert ein Waldweiblein. In einem alten Bericht wird es beschrieben:

»Es ist klein und altmodisch bekleidet; wackelt und drohlet und treppelt voran. Auf seinem Köpfchen trägt es eine so genannte Habersiebhaube; darunter hervor blitzen ein Paar freche feurige Äuglein; um den Leib trägt es ein schwarzes Mieder, mit einem roten Röcklein, das bis zum Knöchel fällt; Schuhe trägt es keine, es läuft barfuß.«

Wenn es nicht eine Wünschelrute in der Hand hat, so stützt es sich auf einen dürren Stab der Haselnuss. Besonders auf Jägersleut, Walddiebe und Holzmacher soll sie es mit ihren Neckereien abgesehen haben. Dem Jäger, der morgens vor der Betglocke oder abends nach derselben auf die Rehe oder Hasen oder anderes Waldgetier ansteht, legt sie plötzlich in der Gestalt eines schwarzen Hundes die Vorderpfote auf die Schulter und glotzt ihn grimmig an. Dem Jäger soll vor Schreck das Gewehr in die Luft losschlagen.

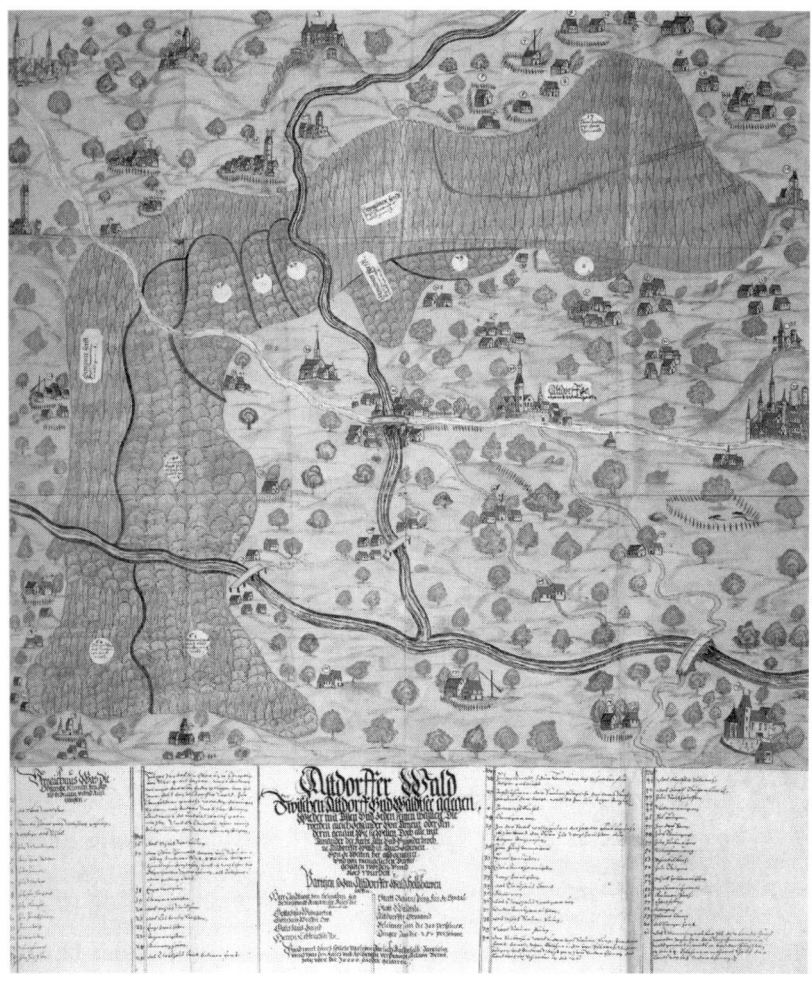

Auch dem Holzmacher, der in der Früh vor dem Gebetsläu-
ten Bäume hauen will, bricht sie den Axtstiel oder macht ihm
beim ersten Schlag die Axt schartig. Dem frechen Holzdieb sitzt
sie auf den Rücken oder auf die Last des Wagens, so dass er
nicht fortkommen kann und wie festgenagelt auf seinem Platz
bleiben muss, wenn er das gestohlene Gut nicht zurückträgt.

157

Dem Wilddieb erscheint sie als Untier mit feurigen Augen und geiferndem Rachen, so dass er vor Angst Gewehr und Wild vergisst und schweißtriefend erst zur Besinnung kommt, wenn er über seines Hauses Schwelle getreten ist. Das Waldweiblein darf aber nur bis zum Läuten der Gebetsglocke umhergehen, nur bei Nacht hat es Gewalt.

In alten Schriften wird sogar von einem Haus erzählt, das es bis 1840 besessen habe und das an einem äußerst abgelegenen, schauerlichen Orte des Altdorfer Waldes stand. Dieses Häuschen hieß im Volksmund das Kohlhüttle. Es soll aber abgebrannt sein in dem Moment, wo ein Holzhacker darin Wohnung genommen hatte.

Der bodenlose Weiher

Bei Ehingen an der Donau, nicht weit ab von der Straße nach Riedlingen, liegt der bodenlose Weiher. Er wird vom Volk so genannt, weil er keinen Grund hat und bis in die Hölle hinabreicht.

Immer wieder haben mutige Burschen und Männer versucht, ihn zu messen, aber vergebens. Die Leute aus der Umgegend vermeiden es, zur Nachtzeit in seine Nähe zu kommen; denn am bodenlosen Weiher geht es nicht mit rechten Dingen zu.

Einstmals – so wissen ganz alte Leute noch zu erzählen – wollte eine vornehme Herrschaft bei Nacht und Nebel nach Ehingen fahren, verirrte sich und geriet in den bodenlosen Weiher. Seit dieser Zeit will man hie und da eine blaue Kutsche tief unten im Weiher gesehen haben.

Der sprechende Totenkopf

Zu Meßkirch hat sich vor Zeiten eine wundersame Geschichte begeben, die der Chronist also aufgezeichnet hat:

»Eines Nachts haben drei Bürgersöhne fröhlich miteinander gezecht und in ihrem Mutwillen darüber gewürfelt, wer von ihnen heute Nacht einen Totenkopf aus dem Beinhaus holen solle. Da hat den Kleinmütigsten unter ihnen das Los getroffen. Der ist hinaufgegangen zum Beinhaus und als er den Totenkopf hat nehmen wollen, hat ihn eine solch jähe Furcht befallen, daß er, zu Tode erschrocken, von dannen geflohen. Damit er aber von seinen Gesellen nicht für furchtsam gehalten würde, ist er ein zweites und drittes Mal gegangen. Beim dritten Mal hat er den Schädel angerührt und aufgehoben. Da hat dieser mit einer so unmenschlichen und rauhen Stimme ›Laß mich liegen!‹ gesprochen, daß dem Gesellen alle Kräfte geschwunden und er voll Entsetzen zu seinen Gefährten gelaufen ist. Denen hat er sodann angezeigt, was ihm dort im Beinhaus begegnet. Am anderen Morgen sind alle drei tödlich krank geworden. Zwei haben sich wiederum erholt, der dritte jedoch, dem das Abenteuer begegnet, ist am dritten Tag gestorben.«

Ein altes Weiblein
sieht seinen eigenen Geist

Es lebte vormals ein altes Weiblein im Schlosse derer von Zimmern zu Meßkirch, genannt Greta Bantscherin. Die war krank und starb noch im gleichen Jahr, es war 1554. Etliche Monate vor ihrem Tod sah sie ihren eigenen Geist in der irdischen Gestalt, die sie selbst hatte. Er ist ihr im Schnecken, also auf der Wendeltreppe, eines Abends erschienen und stillschweigend vor ihr hergegangen. Bald danach, als das Weiblein wieder die Treppe hinaufstieg, sah sie wiederum ihren eigenen Geist am hellen Tag. Er entfernte sich von ihr und schlich unter das Dach. Dort verschwand er in einem Winkel. Bald darauf starb dann das alte Weiblein.

Das Kreuzwunder von Altshausen

In Altshausen gab es eine ungewöhnliche Schützengilde. Deren Mitglieder gossen nach geheimen Rezepten mit Hilfe des Bösen ganz besondere Kugeln. Sie konnten täglich drei Schüsse abfeuern, die ihr Ziel nie verfehlten und immer trafen.

Ein junger Mann nun hatte im Jahre 1617 mit dem Bösen einen Pakt abgeschlossen. Der Teufel sollte ihm die hohe Kunst des Schießens beibringen. Aber der Böse stellte den Burschen, der bei ihm etwas lernen wollte, zuerst auf die Probe. Drei Wochen hintereinander erschien er ihm am Samstagabend, wenn die Glocken für die armen Seelen im Fegfeuer läuteten, draußen auf einem Wegkreuz vor dem Ort.

Der Bursche sollte dann auf dieses Wegkreuz schießen. An den ersten zwei Samstagen verfehlte er allerdings sein Ziel. Beim dritten Mal war es der Bursche leid und lud ganz besonders sorgfältig sein Gewehr mit zwei Kugeln und sagte: »Und wenn's den Heiland leibhaftig treffen sollte, heute muss es gelingen.« Er legte an, zielte und traf tatsächlich mit beiden Kugeln den Körper des Gekreuzigten. Da verfärbte sich der hölzerne Körper und aus der Wunde tropfte Blut. Plötzlich öffnete sich die Erde unter dem Burschen und er versank knietief in der Erde.

Voll Todesangst bemühte er sich aus dem Loch herauszukommen und rannte davon. Nie mehr wieder hat man von ihm gehört; man nimmt an, der Böse persönlich hat ihn geholt.

Die Bürger von Altshausen aber redeten noch lange von dem Wunder und Albrecht von Berndorf hat im Jahre 1660 nach dem Schwedenkrieg über dem wundertätigen Kruzifix die so genannte Heilig-Kreuz-Kapelle errichten lassen.

Der Guth-Betha-Brunnen

Die Nonnen von Kloster Reute bei Waldsee hatten es sehr schwer, ihr Hauswesen zu besorgen. Das Kloster war in der Anfangszeit sehr arm und hatte nicht einmal einen Brunnen im Hof.

Täglich musste das Wasser vom Bach heraufgeschleppt werden. Einige fromme Bauern hatten ihnen zwar ein paar Esel zum Tragen der Bottiche geschenkt, aber die Nonnen mussten den weiten Weg oft machen, bis das Wasser für den Klosterbedarf reichte. Die Frau Äbtissin hatte schon zwei- oder dreimal den Brunnenmacher der Stadt Waldsee kommen lassen. Der hatte seine ganze Kunst versucht, aber es war umsonst. Er konnte weder im Klostergarten noch vor der Mauer des Klosters Wasser finden. Da betete die gute Beth zum Himmel um Hilfe. Im Traum erschien ihr in der nächsten Nacht ein Engel und sie sah sich selbst zu einer Stelle im Garten gehen; der Engel bedeutete ihr, dort solle sie graben lassen.

Am nächsten Morgen erzählte die gute Beth der Frau Äbtissin von dem Traum. Und sogleich ließ diese den Brunnenmacher mit seinen Gesellen von Waldsee herkommen. Die gute Beth führte sie zu der Stelle, die der Engel ihr im Traum angegeben hatte. Der Meister machte ein zweifelndes Gesicht und sagte dann zur Äbtissin: »Wir werden wohl wenig Glück haben, der Boden ist sehr hart und ich glaube nicht, dass wir eine Wasserader finden.« Aber die zwei Frauen vertrauten auf den Engel: »Versucht es halt! Wir wissen es ganz genau, im Traum hat uns der Herr einen Engel geschickt, der der guten Beth bedeutet hat, nur dort nach Wasser zu graben.« Murrend schickte sich der Brunnenmacher und fing an, in dem harten Boden zu graben. Kaum waren sie ein paar Handbreit unter dem Boden, da begann eine glasklare Quelle wunderbares Wasser zu schütten. Der Meister und seine Gesellen bauten sechs Wochen lang die Quelle aus und sie kamen mit ihrer Arbeit bis in den Winter. Zwar war der Boden festgefroren, aber die Arbeit ging trotzdem gut vorwärts. Allerdings kam nachts mehrere Male der Teufel und ließ eine Schachtwand einstürzen und so die Grube, die die Männer tagsüber gegraben hatten, wieder mit Boden füllen. Da beschwor die gute Beth ihn mit Gottes Hilfe und somit konnte er nichts mehr anstellen.

Bis auf den heutigen Tag spendet der Brunnen frisches, wohlschmeckendes Wasser.

Im Dorf Reute und auch in der nahen Reichsstadt Waldsee verbreitete sich schnell die Kunde von der wunderbaren Gebetserhörung der guten Beth. Als die gottesfürchtige Nonne gestorben war, kamen bald viele Wallfahrer aus der ganzen Gegend zu ihrem Grab, knieten nieder und beteten um Hilfe in ihren Sorgen und Anliegen. Danach gingen sie zu der Quelle im Klostergarten und schöpften das »Guth-Betha-Wasser«. Sie rieben sich Augen, Ohren und die Gliedmaßen ein und manch einer wurde von seinen Gebrechen auf wunderbare Weise geheilt. Bis auf den heutigen Tag kommen immer noch viele Pilger ins Kloster Reute zum Grab der guten Beth und nehmen vom »Guth-Betha-Wasser« mit.

Von Schlaubergern, Schlawinern und anderen Schelmen

Der Mundinger Kuckuck

An einem Maientag kehrte ein Mundinger Bauer heimwärts vom Ehinger Markt. Wie er nun nicht mehr fern von seinem Dorf ist und durch den Wald geht, hört er zwei Kuckucke, die einander rufen und antworten. Der eine von ihnen rief im Mundinger Gemeindewald, der andere in dem von Kirchen.

Der Bauer hörte den Vögeln eine Weile zu und da deuchte es ihm, als ob es der Kirchener Kuckuck besser könne als der Mundinger. Darüber ärgerte er sich sehr, denn die Mundinger sind auf ihr Dorf stolz und dünkten sich mehr zu sein als die von Kirchen und anderen Orten. Um nun den Nachbarn nicht den Ruhm zu lassen, den besseren Kuckuck zu haben, band der Mundinger sein Ross an einen Baum und stieg in das Geäst, um von dort aus dem Mundinger Kuckuck zu helfen. Eine geraume Zeit saß er nun dort oben und rief »Kuckuck«, so gut er es eben fertig brachte. Er war in sein Geschäft so vertieft, dass er nicht bemerkte, wie ein Schelm des Weges kam, das ledige Ross losband und auf ihm davonritt.

Als nun endlich die beiden Kuckucke stillschwiegen, stieg der Bauer von seinem Baum herab. Da war er nicht wenig erstaunt, kein Ross mehr anzutreffen. Er suchte lange hin und her. Als er es aber nirgends fand, blieb ihm keine andere Wahl, als zu Fuß heimzugehen. Doch ging er im Dorf sofort zum Schultheiß, klagte ihm seinen Verlust und bat um Rat und Beistand. Der Schultheiß ließ die Glocken läuten und als die Gemeinde versammelt war, stellte er ihr mit bewegenden Worten vor, wie ihr Mitbürger in großen Schaden gekommen, weil er dem Mundinger Kuckuck gegen den Kirchener geholfen habe. »Da er durch sein löbliches Tun unser Dorf vor Schand und Spott bewahrt hat, ist es nur billig, dass wir ihm den Schaden ersetzen, den er hierdurch erlitten hat.« Also sprach der Schultheiß und die Gemeinde stimmte ihm zu.

Dem Bauern wurde das gestohlene Pferd ersetzt und jedermann freute sich, dass der Mundinger Kuckuck im Wettstreit gegen den Kirchener mit Ehren bestanden hatte.

Das Geißtor zu Ulm

Um die Mitte des 14. Jahrhunderts, als die Städte mit den Fürsten allfort in Händeln und Streit lagen, zog einmal ein starkes Kriegsvolk vor die feste Stadt Ulm und belagerte sie. Aber die Ulmer waren tapfer und die Feinde konnten nichts gegen sie ausrichten. Sie beschlossen daher, die Ulmer auszuhungern. Die Not in der Stadt war also groß.

Da machte sich eines Tages ein Mitglied der Ulmer Schneiderzunft, dem die Jahre den Bart schon völlig gebleicht hatten, auf, um am Albeckertor durch eine Schießscharte nach dem Feinde auszugucken. Die Feinde sahen ihn wohl, konnten aber nicht nach ihm schießen. Am nächsten Morgen jedoch brachen sie die

Zelte ab und zogen davon. Darüber verwunderte sich nun jedermann in der Stadt.

Erst später erfuhr man, dass die Belagerer den alten Schneider mit seinem weißen Barte für eine Geiß gehalten und daraus geschlossen hatten, dass sie die Stadt niemals durch Hunger bezwingen könnten, wenn sich da noch Geißen auf den Mauern herumtrieben.

Das Tor aber, durch welches der Schneider hinausgeschaut hatte, wurde von nun an das Geißtor geheißen und dieser Name ist ihm bis zum heutigen Tage geblieben.

Der Ulmer Kuhhirte

Die Ulmer hatten einmal einen Kuhhirten, welcher sein Amt derartig liederlich versah, dass die Herren vom Rat beschlossen, er solle abgesetzt werden. An dem Tag nun, an dem dieser Beschluss im Rat gefasst wurde, horchte der Kuhhirte an der Tür des Sitzungssaales. Als er nun hörte, was ihm bevorstand, trat er rasch und entschlossen vor die Ratsherren und verlangte von ihnen seinen sofortigen Abschied. Und so dankte also er ihnen ab – und nicht sie ihm – und war damit fein heraus.

Seitdem soll sich die Geschichte im lieben Schwabenland und nicht nur dort, sondern auch anderswo bis zum heutigen Tag schon öfter wiederholt haben, dass einer abdankt »wie der Ulmer Kuhhirt«.

Die Oberländerin
bei König Wilhelm I.

König Wilhelm I. von Württemberg war ein leutseliger und guter Herr und gestattete jedem seiner Untertanen, seine Beschwerden und Wünsche persönlich bei ihm vorzubringen.

Nun lebte im Oberland eine Frau, deren einziger Sohn zum Militär einberufen worden war. Aber kaum lebte er einige Wochen unter den Soldaten, als plötzlich der Mann der Frau starb.

Zur damaligen Zeit bestand nun das Gesetz, dass der einzige Sohn einer Witwe militärfrei sein solle, das heißt, nicht Soldat werden müsse. Und so fasste die Witwe den Entschluss, nach Stuttgart zu reisen und den König zu bitten, er möchte ihr den einzigen Sohn wiedergeben, da sie ohne dessen Unterstützung in die bitterste Not geraten würde.

Ehe sie die weite Reise von Laupheim nach Stuttgart unternahm, ging sie in die Kirche und flehte vor dem Bilde der Gottesmutter recht innig um Beistand. »Heilige Maria«, betete sie, »du bischt jo au Muater gwea, ond sie hent dir die' Kend weggnomme. Hilf mer, dass i's meinig wieder krieg.« So gestärkt machte sie sich auf den Weg.

Als sie in Stuttgart angekommen war, wurde sie bei dem leutseligen Herrscher ohne weiteres vorgelassen. Sie wusste aber nichts davon, dass man den König mit dem Titel »Majestät« anredet, sondern sie nannte ihn »Herr Jesus Christ von Württemberg«.

Der König musste über diesen seltsamen Gruß lächeln. Als nun die Frau ihr Anliegen vorgebracht hatte, da sagte der König: »Ja, liebe Frau, wir württembergischen Landeskinder müssen alle unserem Vaterland dienen. Mein einziger Sohn ist auch Soldat.«

»Jo«, erwiderte die gute Frau resolut, »des ischt ganz ebbes anders, Herr Jesus Chrischt von Württaberg! Dei Bua ka nex; aber der mei ischt a Nagelschmied.«

Mein König

Ein oberschwäbischer Bauer kam eines Tages nach Stuttgart, um König Wilhelm I. eine Bittschrift zu überreichen. Er stellte sich vor das Schloss und wartete geduldig, bis der König seine Ausfahrt machte.

Als nun die Pferde mit der Kutsche vorfuhren, kamen viele Neugierige herbei und stellten sich vor den Bauern hin, so dass diesem bange wurde, er möchte die Schrift nicht überreichen können.

In seiner Herzensnot drängte er vorwärts, links und rechts saftige Rippenstöße austeilend, und schrie: »Weg do, des isch mei König so guat wie der uirige!«

Die Dieterskircher Flegel

Als Sebastian Sailer Pfarrer in Dieterskirch wurde, hatten die ledigen Burschen auf der Empore die Gewohnheit, sich während der Predigt über das Geländer weit hinauszulehnen. Sailer konnte diesen Unfug nicht leiden und unterließ nicht, sie öfters sowohl mit Güte als mit Schärfe davon abzumahnen. Allein sie taten es ihm zum Trotz und blieben beim Alten.

Die Kirchweih kam heran und Sailer hatte kaum die Hälfte der Predigt vollendet, als er sich anstellte, das Gedächtnis wäre ihm untreu geworden.

»Weil ich nun den Faden meiner Predigt verloren habe«, sagte er, »so will ich unterdessen, bis mir das Übrige beifällt, etwas erzählen: Ich las neulich in den alten Pfarrbüchern und fand, dass vor Zeiten auf eben dem Platze, wo jetzt diese Pfarrkirche steht, eine Fruchtscheuer gestanden habe. Es ist freilich den alten Nachrichten nicht immer zu trauen; doch, was mich betrifft, werde ich gänzlich in dieser Meinung bestärkt, denn sehet nur, die Flegel hängen noch von da oben herunter.« Schnell richteten sich die Burschen auf und diesem Unfug war für alle künftige Zeiten abgeholfen.

Sailer gibt
einem Bauern Bescheid

Ein Bauer, der sich besonders klug zu sein dünkte, sagte einst zu Sebastian Sailer: »Ei, Herr Pfarrer, ich habe schon so oft gehört, dass Gott für jeden Menschen des Tages eine Maß Wein erschaffen habe. Ich bekomme aber diesen Wein nicht und weiß auch nicht, wer ihn trinkt.«

Sailer sprach: »Auch ich habe ebenfalls oft gehört, dass Gott für jeden Mann ein Weib erschaffen habe, und dennoch hab ich keines. Ich will Euch die Sache ganz kurz erklären: Ihr habt nämlich mein Weib und ich trinke Euren Wein.«

Der Ulmer Spatz

So ein Spatz kann manches, was wir Menschen noch nicht können. Das muss wahr sein und die lieben Ulmer haben diese Tatsache schon vor vielen hunderten von Jahren einmal herausbekommen. Dabei ist es aber so zugegangen. Vor Zeiten, als man in Ulm zu Ehren des lieben Gottes ein Münster bauen wollte, da sandte der Rat der Stadt viele Holzhacker aus. Die mussten hingehen in den Albecker Wald, mussten Eichen fällen und sie zurichten zu Balken, auf dass man baue das Haus des Herrn. Und die Holzhacker gingen und taten, wie ihnen befohlen war, und eines Tages führten sie nun den ersten Balken zur Stadt hinab. Sie hatten ihn aber quer auf den Wagen geladen und so kam das Fuhrwerk an das Tor. Doch weh, o weh! Nun haperte es, dieweil der Balken hüben und drüben an die Tormauer stieß. Der Fuhrmann versuchte alles; er fuhr zurück, er fuhr von der Seite an, aber es half nichts. Und als er sich nun gar nimmer zu helfen wusste, da ließ er sein Fuhrwerk stehen, wo und wie es stand, und lief spornstreichs aufs Rathaus, wo gerade der ganze Rat der Stadt versammelt war. Und die Herren standen sofort auf und liefen mit dem Fuhrmann nach dem Tor. Dort besahen sie sich die Sache von vorn und von hinten und von allen Seiten und hatten viel Sorge und eine lebhafte Aussprache. Aber auch sie fanden keinen Rat und keinen Weg, bis endlich einer sagte: »Ich schätz, der Balken ist halt zu lang und wir werden ihn eben absägen müssen!« – »Waas! Absägen?«, rief auf dies hin Herr von Besserer, welcher in diesem Jahr Bürgermeister war. »Absägen?«, rief er. »Wo denkt Ihr hin? Da würde ja dann der Balken für das Münster zu kurz!« – »Haso!«, sagten die Ratsherren, »ja's ist währle wahr, da würde der Balken zu kurz; wir müssen ihn ganz lassen.« Und wer nichts sagte, der nickte, also dass man es gleich sah, dass die Ratsherren in diesem Stück nun ganz einig seien: Abgesägt darf der Balken nicht werden. Aber was dann? Sie besannen sich, ratschlagten hin, ratschlagten her und fanden nichts und besannen sich wieder. Und nachdem sie sich nun lange genug besonnen hatten, sagte einer der Herren: »Es bleibt uns meiner Seel nichts übrig, als dass wir das Tor erweitern. Hm? Ist es nicht so?« Nun nickten sie wieder alle und sagten nichts bis auf einen, welcher meinte: »Ja, Ihr Herren, aber bedenket: Wenn wir das Tor erweitern, dann fällt ja der Turm ein!« – »Blitz um elfe!«, rief auf dies hin der Bürgermeister. »Währle und wahr! Dann fällt der Turm ein. Das darf aber bei Gott nicht vorkommen. Da würde die Bürgerschaft übel maulen«, rief er.

»Aber«, sagte er, »ich weiß Euch einen andern Rat. Wir lassen ganz einfach den Torturm abtragen, da kann er nicht einfallen. Ist es nicht so? Und dann erweitern wir das Tor und dann kommen wir mit dem Balken flott in die Stadt hinein, richten ihn auf und bauen das Münster. Hm? Hab ich nicht recht? Holet also sofort Maurer herbei!« Und etliche vom Rat sprangen alsogleich fort und holten Maurer herbei.

Die andern aber warteten am Stadttor und sahen wehmütig an dem schönen Turme hinauf, der nun abgebrochen werden sollte. Wie sie nun so eine Weile dastanden und guckten, da bemerkte einer von ihnen unterm Torbogen zufällig ein kleines Nest. Und wie er so darauf hinblickte, flog jetzt ein Spatz herzu, der trug einen ellenlangen Strohhalm im Schnabel. Der Spatz trug den Halm aber der Länge und nicht der Breite nach – und so kam er durch den Torbogen. Da stupfte der Ratsherr, der alles beobachtet hatte, schnell seinen Nebenmann und dieser stupfte den seinigen und so fort bis zum Bürgermeister. Und alle sahen nun dem Spatzen zu. »Sapperlot!«, sagten sie dann, und auf einmal rief der Bürgermeister und patschte in die Hände. »Jetzt hab ich etwas gelernt!«, rief er. »So muss es gehen, der Nase nach, nicht quer hinein!«

Als die Ratsherren das hörten, drehten sie sich eilends, streckten ihre Nasen alle gegen das Tor und fragten den Bürgermeister: »Ist's so gemeint?« »Ja«, sagte dieser, »dreht den Balken herum, sodass er guckt, wie eure Nasen gucken, und dann hi, dann wird es gehen!« Dies taten sie, dann riefen sie: »Hi!« Und siehe, der Wagen rasselte flott durchs Tor, hintendrein jubelten die Ratsherren: »Jetzt haben wir es aber doch noch fertig gebracht, ohne dass wir das Tor einreißen mussten.« Und sie hatten eine große Freude und eilten in die Stadt.

Als sie dann den Maurern begegneten, die eben ans Tor eilen wollten, hießen sie die wieder umkehren. Sie selber aber gingen aufs Rathaus, dort erhob sich jetzt der Bürgermeister und hielt zu Ehren des gescheiten Spatzen eine große Lob- und Dankrede und alle Ratsherren nickten und priesen den Spatzen.

Weil nun die Ulmer zu allen Zeiten dankbaren Gemüts waren und es noch immer sind, so ließen sie den Spatzen in Stein aushauen, hernach stellten sie ihn, den Strohhalm im Schnabel, auf das Münsterdach, wo er noch heute steht und zu sehen ist. Seit der Zeit aber, da sich diese Geschichte mit dem Balken zugetragen hat, müssen sich die Ulmer als »Spatzen« bezeichnen lassen. Und Spatzen werden sie bleiben, solange zu Ulm das Münster steht und auf seinem Dache der Spatz sitzt. Und vielleicht noch länger.

Der schiefe Turm zu Ulm

Zu Ulm wurde in alten Tagen über Metzger und Bäcker eine strenge Aufsicht geführt, damit sie ihre Waren gut und billig machten und ihnen auch ein volles Gewicht gaben. Wer von den Geschäftsleuten nicht ehrlich war, der wurde ohne Gnad' und Pardon in den Turm geworfen. Einer dieser Türme war das ganze Jahr hindurch fast nur von den Metzgern besetzt. Man nannte ihn deshalb den Metzgerturm. Darüber wurden die Ulmer von anderen Reichsstädten oft verspottet.

Schließlich wurde es dem Rat der Stadt zu bunt. Er beschloss deshalb, dass man sämtliche Metzger der Stadt auf einen bestimmten Tag nach dem Metzgerturm führe. Dort solle ihnen oben auf dem Turm ernstlich angedroht werden, dass sie in die Tiefe gestürzt würden, wenn die Betrügereien nicht aufhören sollten.

Als nun alle Metzger auf dem Turme standen, siehe, da neigte sich dieser plötzlich ein wenig dahin, wo die Metzger standen, denn diese waren gewichtige Persönlichkeiten. Dieweil sich nun der Turm so vornüberneigte, bekamen die Metzger Angst, schrien Zeter und Mordio und flohen eilends die Treppe hinunter.

Von da an hat aber keiner der Ulmer Metzger mehr die Würste zu früh zugebunden oder das Fleisch zu knapp gewogen und die Ulmer haben seit dieser Zeit die solidesten und ehrlichsten Metzgermeister im ganzen Reich, diesseits und jenseits der Donau. Aber als ein Wahrzeichen einer zu leicht wiegenden Vergangenheit steht zu Ulm der Metzgerturm wirklich und wahrhaftig schief.

Wie der Leutkircher Bürgermeister eine Wette verloren hat

Die Reichstadt Leutkirch wollte sich einmal in einer wichtigen Angelegenheit Rat erholen und sandte darum ihren Bürgermeister nach Ulm. Den Bürgermeister begleitete aber ein Stadtknecht namens Thoma Frick, ein durchtriebener und zu allen Schalkheiten aufgelegter Mann. Der fragte unterwegs seinen Herrn, was er denn zu Ulm so Notwendiges zu verrichten hätte. Antwortet ihm der Bürgermeister: »Thoma, Thoma, das gebührt mir nicht, dir zu sagen, viel weniger dir, dass du mich das fragst oder zu wissen begehrst, ich werd's dir darum auch nicht sagen.« Sagt darauf der Knecht: »Wohlan, Herr Bürgermeister, verhehlet vor mir die Sache, soviel Ihr wollt, ich wette aber, dass ich Eure Geschäfte erfahren, bevor Ihr Ulm wiederum verlassen habet.« Der Bürgermeister wollte es nicht glauben und ging die Wette ein; und zwar sollte der, welcher verliere, dem andern eine gute, frisch gebackene Mutschel kaufen, wie man sie in Ulm schon damals in hervorragender Weise zu backen verstand.

Wie sie nun nach Ulm in ihre Herberge kamen, schickte der Bürgermeister alsbald seinen Knecht zum Ulmer Bürgermeister, um ihn fragen zu lassen, wann er bei ihm vorsprechen könne. Thoma Frick ging hin, und nachdem er seinen Auftrag ausgerichtet und Bescheid erhalten hatte, sagte er vor dem Weggehen zum Ulmer Bürgermeister: »Ach, Herr, ich muss Eurer Weisheit noch eins sagen: Mein Herr hört nit wohl und muss man gar laut mit ihm reden, sonst versteht er's nicht, zudem schreit er sehr laut beim Reden. Damit weiß sich Eurer Weisheit wohl darnach zu halten.« Der Ulmer Bürgermeister sprach: »Wohlan guter Gesell, du hast wohl getan, dass du mir solches hast angezeigt. Ich will mich darnach richten und ihn zu mir allein in mein oberes Stüblein nehmen.« Damit ging der Thoma Frick zu seinem Bürgermeister und sagte ihm, was er ausgerichtet. Aber über den letzten Punkt schwieg er. Und zum Schluss sprach er: »Weiser Herr, ich kann Eurer Weisheit nit verbergen, der Bürgermeister allhie hört gar übel, dass es schade ist um den stattlichen Mann. Ich hab' ihm laut zuschreien müssen, auch hat er selber laut gesprochen, das wollen sich Eurer Weisheit nit irren lassen.« Der Leutkircher Bürgermeister sprach: »Es ist recht, dass du mich dessen hast unterrichtet, ich will ihm laut und hell genug reden.« Damit gingen die beiden zu Tisch, waren fröhlich und guter Dinge, legten sich darauf auch friedlich zu Bette. Des Morgens um die bestimmte Stunde ging der Leutkircher Bürgermeister zu dem von Ulm. Es wartete auch sein Knecht, der Thoma Frick, bei dieser wichtigen Staatsaktion ganz beflissen auf. Also empfingen beide Bürgermeister, Ihre Weisheiten, einander

aufs stattlichste. Sie redeten
auch beide so laut miteinander,
dass ein Zuhörer dessen würde
gelacht haben. Und nach einiger
Zeit gingen sie miteinander in
das obere Stüblein. Der Frick
folgte ihnen ganz heimlich nach
und blieb vor dem Stüblein stehen. Also zeigte der Bürgermeister von Leutkirch seinen Auftrag dem anderen an und der Ulmer gab ihm den Bescheid. Das
geschah aber mit so lauten Re-

den, dass Thoma ganz gut alle Worte vor dem Stüblein hören
konnte, wiewohl er nicht tat, als ob er horche.

Als die zwei Leutkircher nun wieder in die Herberge kamen
und zu Mittag gegessen hatten, auch auf den Abend wieder nach
Hause reiten wollten, sprach der Bürgermeister zu dem Frick:
»Wohlan, Thoma, sag mir nun, was ich allein zu schaffen gehabt
habe, oder du hast die Wette verloren.« Der Knecht tat zuerst,
als ob er darüber nicht übel entsetzt wäre und nichts davon
wüsste, ließ auch den Bürgermeister eine gute Weile in dem
Wahn. Zuletzt aber rückte er heraus und konnte ihm schier von
Wort zu Wort sagen, was von den beiden Bürgermeistern im
Stüblein war geredet worden. Dessen konnte sich der Leutkircher Bürgermeister nicht genug verwundern, noch viel weniger
denken, wie er's erfahren hatte. Er musste darum bekennen,
dass er die Wette verloren habe, und die Mutschel bezahlen. Die
nahmen sie mit auf den Weg und teilten sie brüderlich miteinander, als sie Hunger hatten. Also kamen die beiden in gutem Frieden wieder heim, wo auch der Bürgermeister mit großem Verwundern den Seinen eröffnet hat, was zu Ulm geschehen war.

Ein Meßkircher Schalk

Vor vielen Jahren hat zu Meßkirch ein Bürger gelebt, der hieß Peter Schneider. Der war ein gar wunderlicher Mann und seiner Streiche wegen weit bekannt.

Er sagte von sich selbst: Er sei ein fahrender Schüler und mehrmals in Frau Venus Berg gewesen. Was er dort getrieben und wie er herausgekommen, davon hat niemand je etwas erfahren können. Es gingen aber viele Schwänke und Schnurren über ihn um.

Einst hat Peter Schneider für wahr ausgegeben, dass er auf zwei Kälbern hoch durch die Lüfte in den Venusberg geritten sei, auch ein Meßkircher Bürger, Strölin geheißen, mit sich genommen habe. In Rottenburg am Neckar, das sie zu angehender Nacht erreichten, seien sie über ein Wirtshaus gefahren, auf dem sich ein besonders großes Storchennest befunden. Aber wiewohl er seinem Gefährten noch eingeschärft, kein Wort zu reden, so habe der Strölin, als ihn bedünkte, sein Kalb habe vor dem Storchennest gescheut, doch einen Schrei gemacht und in seiner Unbesonnenheit gesprochen: »Peter, das war ein Sprung von dem Kalb!« Bei diesem Wort sei der Strölin plötzlich ins Storchennest gefallen und habe nicht mehr herauskommen, auch nicht mehr reden können. Da habe er ihm dann auf der Heimfahrt wieder herausgeholfen und ihn nach Hause gebracht.

Einst gab er vor, er habe einen köstlichen Weißkohlsamen aus dem Venusberg mitgebracht und über die Wolfhalde gesät. Damit wolle er einen solchen Weißkrautsegen stiften, wie er in selbiger Stadt seit vielen Jahren nicht gesehen worden. Das haben ihm viele geglaubt, ja, etliche Weiber haben sich sogar darauf verlassen und kein Kraut gepflanzt, dieweil sie hofften, es bei Peter Schneider viel wohlfeiler zu bekommen, sobald in der Wolfhalde der Weißkohlsamen der Frau Venus aufgegangen sei. Aber sie haben lange gewartet – und er ging niemals auf. Man sagt, selbiger Kappes, also dieser Weißkohl, müsse erst noch wachsen.

Einmal hat Peter Schneider etliche Frauen in einem Hanfacker stehen sehen. In den ist er hoch zu Pferd hineingeritten, hat die Frauen gegrüßt und freundlich mit ihnen gesprochen. Dieweil aber hat die Mähre den Hanf zertreten und die Frauen haben ihn darob heftig gescholten. Also ist er davongeritten, währenddessen ihm die Frauen Schimpfworte nachgerufen. Da ist er wieder umgekehrt und querfeldein durch den ganzen Acker galoppiert, hat die Frauen gefragt: Was sie noch wollten, sie hätten ihm nachgeschrieen, aber er hab's nit hören können. Darauf haben sie mit Steinen nach ihm geworfen, so dass er eilends hat weichen müssen. Auch haben sie ihn später beim Vogt zu Sigmaringen verklagt; der hat sich jedoch der lächerlichen Sache nicht annehmen wollen. So haben die Frauen zum Schaden noch den Spott gehabt.

Ein Osterspaß

In Meßkirch lebte zu Anfang des 16. Jahrhunderts ein Bürger namens Paul Hebenstreit, ein solch eigner und streitiger Mann, wie es zur selbigen Zeit wohl keinen mehr gab. Der saß einmal in der Fastnacht noch spät bei etlichen guten Gesellen im Wirtshaus. Es kam auch die Rede auf die Weiber und darauf, wer das gehorsamste und folgsamste Weib von ihnen hätte. Hebenstreit rühmte die seine; doch wollt's ihm niemand glauben, dieweil sie als böses, ungezähmtes Weib allenthalben bekannt war. Man ging eine Wette ein und Hebenstreit sandte hin zu seiner Frau und begehrte, sie solle ihm einen Zipfel aus seinem Bett schicken. Die Frau lag zu Bette. Sie stand aber sofort auf, schnitt einen Zipfel von dem Bett ab und sandte ihn ihrem Mann, der also die Wette gewonnen hatte.

Damals war es Sitte, dass der Pfarrer am Ostertag nach der Predigt einen guten, lächerlichen Schwank auf der Kanzel erzählte, um den Leuten eine Freude zu machen und das so genannte Ostergelächter herbeizuführen. Die Gemeinde stimmte zum Schluss das Lied an »Christ ist erstanden«.

Der Pfarrer Adrian Dorfnagel in Meßkirch ließ sich nun dieses Vorkommnis nicht entgehen und predigte am nächsten Ostertag in der Kirche von Paul Hebenstreit und seiner Frau, wie gehorsam, wie folgsam sie ihm sei, darum er mit Recht als ein Meister in seinem Haus vor andern zu Meßkirch solle gerühmt werden. Auch sei es nur billig, dass er den herrlichen Lobgesang, das Lied »Christ ist erstanden«, solle anfangen dürfen zu singen.

Das verdross den Mann gar sehr, so dass er überlaut in der Kirche anfing, auf den Pfarrer zu schimpfen und zu sagen, er wolle, dass der Pfarrer alle Plagen hätt', ihm zu Gefallen singe er nicht. Damit ging er aus der Kirche hinaus, so dass jedermann lachte.

Der Pfarrer forderte nun einen anderen Mann auf, der in seinem Haus der Meister sei, das Lied anzustimmen; aber keiner wollte es tun. Hierauf sagte Herr Dorfnagel, der Pfarrer: »Ist das nit zum Erbarmen? Ich hab den Männern als dem edleren und würdigeren Geschöpf am heutigen Tag die Ehre zumessen wollen, dass sie Meister im Haus seien; aber keiner hat's annehmen wollen, auch der nicht, der sich dessen hätte billig und wahrhaft rühmen können. Damit aber doch jemand im Haus die Meisterschaft habe, solle den Lobgesang eine unter den ehrbaren Frauen anstimmen, sofern sie sich dünkt, dass sie in ihrem Haus die Meisterschaft hätte.« Der Pfarrer konnte das Wort nicht ausreden, so fingen ihrer um die hundert zugleich an zu singen. Hernach ward dieses Singens wegen unter der Bürgerschaft ein solches Gezänk, dass böse Folgen zu befürchten waren, weshalb verboten wurde, fernerhin solche Späße auf der Kanzel zu treiben.

Der Wurzacher Krebs

Die Stadt Wurzach in Oberschwaben hat in ihrem Wappen einen Krebs. Wie er zu dieser Ehre gekommen ist, erzählt folgende Sage:

Einmal zogen aus Wurzach und der Umgegend alle Tiere fort. Warum? Das kann ich nicht sagen, denn es ist schon viele, viele Jahre her. Die Wurzacher kannten daher weder Vogel noch Frosch, weder Hasen noch Fisch. Nun geschah es aber einstmals, dass sich ein Krebs nach Wurzach verirrte. Auf einer Wiese vor der Stadt spazierte er auf und ab und Jung und Alt sammelten sich um das wunderliche Ding, wie sie es in ihrem Leben noch nie gesehen hatten. Ganz besonders merkwürdig war ihnen, dass der Krebs rückwärts zu gehen schien. Die Wurzacher meinten nicht anders, als dass er tanzen wolle und sich im alten Achtertanz übe, der bald vorwärts, bald rückwärts ging. Wie aber der Krebs immer nur rückwärts kroch, riefen sie ihm zu: »Jetzt auch einmal vorwärts, nit immer rückwärts!« So wollten sie den Krebs tanzen lernen. Der aber tanzte trotz all ihrer Bemühungen nicht.

Doch war von nun an der Krebs in Wurzach ein hoch geach-
tetes Tier.

Und als die Stadt ein Wappen erhielt, war es ausgemachte Sache, dass der Krebs das Wappentier sein solle.

Bestrafte Neugierde

Als die Fürsten des Schwäbischen Bundes einstmals zu Augsburg versammelt waren, schickte ein Edelmann aus dem Oberland einen Boten mit Nachrichten nach Hause.

Nicht fern von seiner Heimat kam der Bote durch ein kleines Städtlein. Der dicke Löwenwirt lag breit zum Fenster heraus, und da er ein neugieriger Mann war, so rief er dem Boten zu, den er wohl kannte: »He, Jakob, was gibt's Neues beim Bundestag zu Augsburg?« »Nicht viel«, erwiderte der Bote, »außer dem einen, dass neulich zu Augsburg einer verbrannt worden ist.« »Verbrannt«, fragte begierig der Löwenwirt, »und warum denn, wenn man fragen darf?« »Wegen Fälscherei«, antwortete der Bote. – »Ei, ei, ei«, sagte der Löwenwirt, »was es doch für Spitzbuben auf der Welt gibt! Aber halt, Jakob, noch ein Wort! Was hat er denn gefälscht? Geld

oder Papiere oder Wein oder sonst was?« »Weder das eine, noch das andere«, gab der Bote zur Antwort, »sondern denket nur, Löwenwirt, er hat Schnee hinter dem Ofen gedörrt, das Zeug für Salz verkauft und damit die Leute um ihr gutes Geld gebracht.« Sprach's und ging seines Weges weiter. Der Löwenwirt machte ein verdutztes Gesicht und hat von da an keine Neuigkeiten mehr vom Augsburger Bundestag wissen wollen.

Abschied von Lug und Trug

Ein Schwabe war lange Zeit ein Rosshändler gewesen. Die Bauern nannten ihn einen Fuchsen, aber nicht nur um seines roten Haarschopfes wegen. Als er nun alt wurde und weiße Haare bekam, dachte er, dass es selten in seinem Leben ohne Lug und Trug abgegangen sei. So gab er den Handel auf, ging in ein Kloster und lebte dort als Laienbruder. Eines Tages geschah es, dass im Ort Rossmarkt war. Da nun das Kloster einen abgebrauchten Gaul hatte, sagte der Abt zu dem Laienbruder: »Ich höre, du verstehst dich auf die Rosse, es war ja dein Gewerbe. Richte den alten Gaul her, wie's Brauch ist, und bring ihn auf den Markt. Er sieht ja noch ganz gut aus. Und wenn du ihn hergerichtet hast, schätz ich, zwölf Gulden sollt er noch bringen.« So richtete der

Laienbruder den alten Gaul her, wie es Brauch war, und brachte ihn auf den Markt.

Da kam auch bald der eine und der andere, besah den Gaul und fragte den Bruder: »Was soll das Luder kosten?« »So wie er da steht, kost' der Gaul zwölf Gulden, nix rum und nix num«, sagte der Bruder. Wie alt er denn sei, fragte der Zweite. »Es fehlt wenig bei dreißig Jahr.« Ob er fromm sei, fragte der Dritte. »Er ist froh, wenn man ihm nix tut«, sagte der Bruder. Wie es denn mit den Augen stehe, er hab so weiße Flecken drin, fragte der Vierte. »Er ist auf dem linken Aug blind und auf dem rechten sieht er schlecht«, sagte der Bruder. Ob er wohl noch bei guter Kraft sei, fragte der Fünfte. »Wenn er bei Nacht hinliegt, kann er am Morgen nimmer allein aufstehen, man muss ihn am Schwanz packen und ihn aufheben«, kam als Antwort.

So ähnlich gab der Bruder auch dem Sechsten und dem Siebten Auskunft. So wollte ihm niemand das Ross kaufen und er brachte es wieder heim ins Kloster.

Als der Abt von der Sache hörte, kam er in den Stall und sagte zu dem Alten: »Ei, ich hätte dich doch für geschickter gehalten!« Da antwortete der alte Laienbruder: »Um meiner Geschicklichkeit willen bin ich ins Kloster gegangen, damit ich sie lasse, denn sonst möchte mich noch der Teufel holen!«

Von Diebesohren

In alten Zeiten war der Brauch, dass man einem Diebe, wenn er gefangen und nicht gehangen wurde, mindestens ein Ohr abschnitt, damit die Leute an dem Abzeichen erkannten, welchen Gelichters er sei. Einem solchen Missetäter sollte einmal der Henker ein Ohr abschneiden, fand aber keines unter den struppigen, herabhängenden Haaren; er suchte hin und suchte her, aber der Spitzbube hatte seine beiden Ohren schon anderwärts versetzt. Da nun der Henker darob unwillig wurde, so ward's der Dieb auch und sagte: »Was braucht's da viel Schimpfen? Ich kann nicht alle Monate neue Ohren bekommen.«

Namensverwechslung

Man sagt sonst: Der Name tut nichts zur Sache. Dies Sprichwort aber ist, wie so viele andere, eben nur dann wahr, wenn es passt. Ein Bauer kam nach Leutkirch und hat das Gegenteil erfahren, nämlich, dass der Name viel tue. Er sollte nämlich einmal in der Stadt nach dem Doktor fragen, der Drach hieß. Er vergaß aber unterwegs den Namen – oder ließ ihn vielleicht liegen in einem Wirtshaus; und er erkundigte sich, als er in die Stadt kam, nach dem Doktor Lindwurm. Drach und Lindwurm ist nun zwar eine und dieselbe Sache, aber trotzdem sind's zwei verschiedene Namen, und so konnte er den Mann nirgends erfragen, bis endlich jemand ihm sagte, es wäre wohl einer in der Stadt, Doktor Drach genannt. Ob's vielleicht der sei? »Ja, ja«, sagte der Bauer, »das ist der Elements-Doktor; ich wusste wohl, dass er ein böses Tier wäre, ich konnte es aber nicht nennen.«

Der Dorfbarbier

In Oberschwaben hatte ein Hufschmied hohes Fieber. Was der Dorfbarbier auch versuchte, es half nichts, es wurde immer schlimmer. Da begehrte der Kranke nach Sauerkraut, denn Sauerkraut sei alleweil seine Leibspeis' gewesen. Der Hufschmied aß das Sauerkraut und wurde wieder gesund. Darauf schrieb der Barbier in sein Arzneibuch: »Sauerkraut gut fürs Fieber.«

Bald darauf erkrankte ein Schneider an hohem Fieber. Der Dorfbarbier verordnete dem Schneider sofort Sauerkraut, doch der Schneider starb.

Darauf schrieb der Dorfbarbier in sein Arzneibuch: »Aufpassen! Sauerkraut gut für Hufschmied. Nicht gut für Schneider!«

Munding – der oberschwäbische Eulenspiegel

Heimatliebe, Gemütlichkeit, Schlauheit und Humor in jeder Lebenslage atmen die Späße, Streiche und Schnurren des oberschwäbischen Eulenspiegels, Peter Paul Munding. Er wurde am 17. Februar 1802 in Gebrazhofen geboren und schlug sich als fahrender Musikant durchs Leben. Selbst in der Todesstunde versagte dem Witzbold der Humor nicht. Als es mit ihm zu Ende ging, sagte er zu den um das Sterbebett versammelten Nachbarn, Freunden und Verwandten: »Leutle, kommet schnell, sitzet uff, jetzt gohts abische.« Er starb am 27. April 1855 in Gebrazhofen. Interessanterweise gibt es zu dem Remstäler Eulenspiegel, David Pfeffer, viele Parallelen.

Der verlorene Mund

Im Hause Munding war einmal, wie das in den besten Häusern vorkommt, der Krach. Die Mundingerin gab ihrem Ehemann tagelang keine Rede mehr. Dem Munding war dieser für Eheleute widerwärtige Zustand auf längere Zeit ungemütlich. Er sann deshalb nach Mitteln, bei seiner Frau das Band der Zunge zu lösen. Während sie abends strickte, brachte er einen großen Bohrer in die Stube, setzte sich in aller Breite auf den Boden und bohrte in eine Diele ein Loch. Entsetzt schaute die Frau ihm eine Weile zu. Plötzlich platzte sie erregt heraus: »Alter Escl, was machscht denn do?« »Dei Maul hab i gsucht und grad hab i's gfunda!«, erwiderte der pfiffige Schlaumeier. Und die Versöhnung wurde gefeiert.

Wie Munding sich
seiner Zechschulden entledigte

Munding war wegen seines Humors bei allen Wirten ein gern gesehener Gast, trotzdem seine durstige Musikantenkehle gar oft den Etat überschritt und er überall Zechschulden hatte. Als ihm diese über den Kopf wuchsen, sann er nach Mitteln und Wegen, sich auf originelle Weise seiner Schulden zu entledigen.

Einmal war er also auf dem Wege zu einer Hochzeit, wo er aufspielen sollte. Da begegnete ihm ein Knecht, der einen leeren Sarg auf einem Wagen mit sich führte. »Woischt was«, sagte er zum Knecht, »lass mi en dea Sarg neiliega und wenn di jemand frogt, wer gschtorba sei, no sagst: Dr Munding!« Der Knecht, der den Witzbold wohl kannte, willigte ein. Munding legte sich in den Sarg und weiter ging es. Beim nächsten Wirtshaus wurde Halt gemacht. Der Wirt fragte den Knecht, wer gestorben sei. »Dr Munding von Gebrazhofa!«, war die Antwort. »Waaaaaas«, sagte der Wirt, »was du net sagst, der ist mir au no drei Mark schuldig! Weil er aber jetzt tot ist, schenk ich's dem arme Kerle!« Nach diesen Worten hob sich in feierlicher Weise der Sargdeckel und Munding rief heraus: »Vergelts Gott, Wirt!« Und so wurde es noch in allen anderen Gasthäusern, in denen der Munding Schulden hatte, gemacht.

Die Wallfahrt auf Erbsen

Alljährlich machte Munding mit seiner besseren Hälfte eine Wallfahrt. In früherer Zeit war es nun üblich, dass die Wallfahrer – zur Erhöhung der Buße – getrocknete Erbsen in ihre Strümpfe taten. Solches vereinbarten die beiden auch miteinander. Die Erbsen wurden also gleichmäßig auf die Socken und Strümpfe verteilt und nun ging die lange Wanderung los.

Am Wallfahrtsorte jammerte die Frau Munding, wie herb sie es mit ihren Füßen habe. Munding dagegen befand sich mit seinem Gehwerk wohl. Der reuige Sünder hatte seine Erbsen zwar in die Socken getan, letztere aber einfach in die Tasche gesteckt.

Im darauf folgenden Jahre musste Munding unter Aufsicht seiner geprellten Frau seine Wallfahrtssocken anziehen. Doch als vorsorglicher Wallfahrer hatte der Schelm seine Erbsen vorher trittweich gekocht.

Der Fridolin von Kißlegg

Fridolin Sonntag ist am 13. September 1881 in Kißlegg geboren. Er wurde wie sein Vater Metzger und Gastwirt. Seine Jugend verbrachte er im Elternhaus in Kißlegg. Dann war er Pächter verschiedener Gastwirtschaften, vom »Deutschen Kaiser«, vom »Marienbad« und vom »Wilden Mann« in Leutkirch. Endstation seines Lebens war die Wirtschaft »Zum Hecht« in Isny.

Sein Humor hatte ihn auch nicht verlassen, als der Arzt bei ihm Herzwassersucht feststellte. »Das glaub i nia, Herr Doktor«, sagte er, »i han meiner Lebtag no nia koi Wasser it tronka.« Am 8. Februar 1927 ist er in Isny gestorben.

Fridolin
und der Hagenschwanz

Der junge Fridolin wurde ein stämmiger, tüchtiger Metzgerbursche, hatte aber sehr zum Missvergnügen des Vaters die Leber auf der falschen, nämlich auf der Sonnenseite. Weshalb er, wenn ihn ein Durst überfiel, das Metzgermesser in den Tisch schlug und so, wie er gerade ging und stand, in den »Ochsen«, weg von der väterlichen Aufsicht, entschwand. Von wo er, da er ziemlich Pech an den Hosen kleben hatte, meist erst spät heimkehrte.

Eines Tages hatte sich der Vater wieder einmal über Fridolins langes Ausbleiben geärgert, so dass er seinem Zorn Luft machte und vor seinen eigenen Gästen in der von ihm bewirtschafteten »Krone« ausrief: »Heut bleib i aber auf, bis'r hui'kommt. No kann'r was v'rleaba. Heut raucht's!«

Nun saß aber an jenem späten Abend unter den Gästen auch ein guter Kamerad Fridolins, der, als er dies hörte, spornstreichs in den »Ochsen« lief, um den Freund zu warnen: »Heut nacht got's dr it guet. Dr Vat'r ist g'lade. Do ka'st was v'rleaba!«

Aber Fridolin war nicht so leicht aus der Ruhe zu bringen: »Do mueß i au dr'bei sei, do g'höret nämlich zwoi drzue!«

Endlich, nachdem er dem letzten auf den Buckel gesehen hatte, brach auch er auf. Es war eine mondhelle Nacht, und so pirschte er sich doppelt vorsichtig an die »Krone«, das Haus seiner Väter, heran. Und da entdeckte sein spähender Blick einen durch den Türspalt auf die Straße fallenden dunklen Schatten mit drohend erhobenem Arm. Fridolin, durch Erfahrung gewitzt, wusste genug. Hinter der Haustür lauerte der Vater – bewaffnet mit dem Hagenschwanz, dem Ochsenziemer, einem

recht wirkungsvollen und zu damaligen Zeiten sehr geschätzten
häuslichen »Erziehungsmittel«. Nun galt es zu handeln. Rasch
eintretend griff er mit beiden Händen blitzschnell nach dem Hagenschwanz, so dass der Vater völlig überrumpelt gar nicht erst
zum Zuschlagen kam und rief scheinheilig: »Vat'r, komm' –
selbander (zu zweit) v'rhebet mr'n besser!« – Und bevor dieser
recht wusste, was geschehen war, enteilte der Fridolin der
strafenden Gerechtigkeit, rannte die Treppe hinauf und verzog
sich, den hölzernen Riegel vorschiebend, in seiner Kammer.
Weg war er!

Am andern Morgen aber, da Fridolin, als ob nächtens nichts
gewesen wäre, am Frühstückstisch auftauchte und den Löffel
ins »häberne Mues« steckte, war der väterliche Zorn schon
längst verraucht.

Die lange Zunge

Im Allgäu war ein Wilderer, der den Forstaufsehern immer wieder entkam. Eines Tages war ihm allerdings einer der Aufseher dicht auf den Fersen. Schon hoffte er, den Wilderer festnehmen zu können. Da sprang dieser über den Bach, der die Grenze zum Bayerischen bildete. Dort zog der Wilderer seine Hose herunter, streckte dem Verfolger sein nacktes Hinterteil entgegen und schrie ihm den Gruß des Götz von Berlichingen zu. Der Forstaufseher aber, der seine Flinte im Anschlag hatte, feuerte dem Wilderer eine Schrotladung auf den Hintern und schrie ihm zu: »Gell, des hätscht net denkt, dass ih soo a langa Zong han!«

Das Missverständnis

Nach dem Krieg kam ein Mitglied einer Nebenlinie des Hauses Württemberg als Forstdirektor nach Altshausen. Bei einer Inspektion kam er auch nach Zußdorf und nahm im Gasthof »Traube« ein Zimmer. Auf dem Anmeldezettel, den ihm die Wirtin vorlegte, schrieb er: »Herzog Ferdinand aus dem Hause Württemberg«.

Nun gab es aber in der Nähe von Ravensburg ein Therapiezentrum. Die einzelnen Häuser, in denen die Insassen wohnten, hatten folgende Namen: Haus Bayern, Haus Baden, Haus Sachsen, und so gab es auch ein Haus Württemberg.

Die Wirtin ging deshalb sofort zum Telefon, rief dort an und fragte: »Fehlt uich oiner? Bei mir isch a Ferdinand Herzog aus am Haus Württemberg.« – Unter allgemeinem Lachen löste sich das Missverständnis auf.

Der Schneider
und die Sündflut

Als Gott Noah befahl, ein großes Schiff zu bauen und von allen Tieren je ein Paar darin aufzunehmen, da verordnete er auch, dass von jedem Handwerke ein Meister mit dem Schiff gerettet werden solle – nur kein Schneider.

Trotz aller Vorsicht stahl sich aber doch ein Schneider auf das Schiff und verbarg sich so gut, dass ihn niemand gewahr wurde. Indes war es dem Schneider gar nicht wohl, weil er keine losen Streiche ausführen und die Menschen nicht ärgern konnte. Da fing er endlich ein paar Flöhe und machte denen aus seinen Nadeln spitzige Stacheln; ebenso setzte er den Bienen und Hornissen Stacheln ein, die diese übrigens seit damals nicht mehr hergeben.

Alsbald aber entstand ein großer Lärm in der Arche Noah: Der erste Floh stach Noahs Frau; die Bienen und Hornissen quälten Menschen und Tiere, dass man gar nicht begreifen konnte, wer diesen Tierchen die Nadeln gegeben haben könnte, und den Verdacht schöpfte, dass ein Schneider mit auf der Arche sein müsse. Deshalb wurde das ganze Schiff durchsucht, und richtig, man fand auch den losen Schneider und warf ihn ohne Gnade sogleich aus dem Schiff ins Wasser.

Da hätte er nun elendiglich versaufen müssen und dann wären wir noch heutigen Tages ohne Schneider und müssten unsere Kleider selbst machen, wenn nicht eine langbeinige Wasserspinne eben in der Nähe gewesen wäre. Auf die setzte sich flink unser Schneider und ritt auf ihrem Rücken so lang herum, bis die große Flut verlaufen und die Erde wieder trocken geworden war.

Der Tag der heiligen Einfalt

Ein Bauer ritt am Gallustag auf den Markt nach Saulgau und hielt sein Ross feil. Bald kam ein Händler von Buchau, der suchte einen Einfältigen und dachte mit dem Bauern ein gutes Geschäft zu machen.

»Was soll das Ross kosten?«, fragte der Händler. »Zwanzig Gulden«, gab der Bauer zur Antwort. »Das ist er wert«, erwiderte der Händler, »bist du zufrieden, wenn ich dir heute zehn Gulden bar auf die Hand gebe und die anderen zehn später?« »Ja«, sagte der Bauer, »man kennt ja den Herrn, er hat auch ein schönes Haus am Markt in Buchau. Wann bekomme ich dann die andere Hälfte?« »Die magst du dir selber holen am Tag der heiligen Einfalt.« »Was ist das für eine Heilige? Von der habe ich noch nie gehört.« »Schlag im Kalender nach, wenn du einen hast. Sie ist eine der wichtigsten Heiligen für uns Händler«, sagte der aus Buchau, setzte sich auf den Gaul und ritt zum Markt hinaus.

Vierzehn Tage später, am 1. November, kam der Bauer nach Buchau, ging in das Haus am Markt und sagte, er komme wegen der zehn Gulden. Heute sei ja der vereinbarte Tag. »Wieso heute?«, fragte der Händler erstaunt. Da erklärte ihm der Bauer: »Die heilige Einfalt habe ich im Kalender nicht gefunden. Es kann ja auch nicht sein bei den vielen Heiligen. Drum gibt's Allerheiligen, da sind alle beieinander, da ist auch die heilige Einfalt dabei. Jetzt gebt mir mein Geld und haltet mich nicht auf, ich krieg noch zehn Gulden von Euch«, sagte der Bauer. Der Händler lachte den Bauern aus und wollte davon nichts wissen. Als sie aber vor's Gericht kamen, wurde dem Bauern Recht gegeben, denn gegen seine Begründung war nichts einzuwenden.

Quellenverzeichnis

Der Schäfer und die drei Riesen
Ernst Meier: Deutsche Volksmärchen aus Schwaben. Stuttgart 1852.
Die Reise zum Vogel Strauß
ebenda
Der Müllerknecht und die treuen Haustiere
ebenda
Der Klosterbarbier
ebenda
Die drei Äpfel
nach mündlicher Erzählung
Der Fischersohn
Anton Birlinger: Volksthümliches aus Schwaben. Freiburg 1861.
Die heimliche Pforte
nach mündlicher Erzählung
Der Räuber und die zwölf Müllerstöchter
Anton Birlinger, Volksthümliches aus Schwaben. Freiburg 1861.
Der kluge Martin
Ernst Meier: Deutsche Volksmärchen aus Schwaben. Stuttgart 1852.
Die drei Raben
ebenda
Der Buschen von Palmkätzchen
Anton Birlinger: Volksthümliches aus Schwaben. Freiburg 1861.
Der Riese ohne Herz
nach mündlicher Erzählung
Der kranke König und seine drei Söhne
Ernst Meier: Deutsche Volksmärchen aus Schwaben. Stuttgart 1852.
Die Welfensage
Brüder Grimm: Deutsche Sagen. Berlin 1818.
Heinrich mit dem goldenen Pflug
ebenda

197

Warum die Schwaben an der Spitze des Reichsheeres fechten durften
ebenda
Die heilige Hildegard auf dem Bussen
Württembergische Volksbücher: Sagen und Geschichten. Band II.
Stuttgart o. J.
Gräfin Adelindis
Anton Birlinger: Volksthümliches aus Schwaben. Freiburg 1861.
Reichenauer Chronik Hermann des Lahmen
Konradins Löwe
Karl Wehrhahn: Sagen des Mittelalters. Jena 1920.
Die Belagerung Ulms im Jahre 1376
Württembergische Volksbücher: Geschichten aus schweren Zeiten.
Band I. Stuttgart o. J.
Das Wahrzeichen auf dem Leprosenberg
Anton Birlinger: Volksthümliches aus Schwaben. Freiburg 1861.
Kloster Ochsenhausen
ebenda
Der Abt von Obermarchtal und die Nonnen
Hermann Missenharter: Liebes altes Württemberg. Stuttgart 1969.
Der Bürgermeister von Buchau auf dem Reichstag
Württembergische Volksbücher: Lustige Geschichten. Stuttgart o. J.
Der starke Ritter
Zimmer'sche Chronik. Hrsg. Karl August Barack. Tübingen 1869.
Das Votivbild an dem Schloss von Sigmaringen
J. G. Th. Grässe: Sagenbuch des Preußischen Staats. Glogau 1867.
Die Bilderstürmer in Biberach
Württembergische Volksbücher: Geschichten aus schweren Zeiten.
Band 1. Stuttgart o. J.
Der Schwedenkönig in Ulm
Anton Birlinger: Volksthümliches aus Schwaben. Freiburg 1861.
Der wilde Ritter
ebenda
Gablers Pakt mit dem Teufel
Alois Wiehl: Geschichte und Sage Oberschwabens. Ulm 1930.
Das Burgfräulein auf Prassberg
Karl Reiser: Sagen, Gebräuche und Sprichwörter des Allgäus.
1. Band. Kempten 1895.

Wie die Saulgauer zu ihren Fasnachtsküchlein kamen
Anton Birlinger: Volksthümliches aus Schwaben.
Freiburg 1861.

Das Glas der Ulmer Schwanenwirtin
Württembergische Volksbücher: Geschichten aus schweren Zeiten.
Band I. Stuttgart o. J.

Kurfürst Moritz von Sachsen in Marchtal
Anton Birlinger: Volksthümliches aus Schwaben.
Freiburg 1861.

Der schwarze Veri
ebenda sowie
Julius Ernst Günther: Erinnerungen eines Schwaben.
Nördlingen 1874.

Der Malefizschenk
Julius Ernst Günther: Erinnerungen eines Schwaben.
Nördlingen 1874.

Die Festnahme des berüchtigten Räubers »Tiroler Seppel«
ebenda

Die schwarze Liesel, eine oberschwäbische Räuberin
ebenda

Marschall Ney in Oberschwaben
Württembergische Volksbücher: Geschichten aus schweren Zeiten.
Band II. Stuttgart o. J.
Julius Ernst Günther: Erinnerungen eines Schwaben.
Nördlingen 1874.

Die Mutter Gottes auf der Stadtmauer zu Mengen
Anton Birlinger: Volksthümliches aus Schwaben.
Freiburg 1861.

Der feurige Wagen zu Krauchenwies
Ernst Meier: Deutsche Sagen, Sitten und Gebräuche aus Schwaben.
Stuttgart 1852.

Die verwunschene Jungfrau
ebenda

Die beiden Spieler
ebenda

Der kopflose Reiter
ebenda

Das Bobbele von Offingen
Anton Birlinger: Volksthümliches aus Schwaben.
Freiburg 1861.
Der Geist vom Schlösslebühl
Anton Birlinger: Alemania. Zeitschrift für Sprache, Kunst und
Altertum. Straßburg 1897/98.
Der Geist bei Espasingen
Zimmer'sche Chronik. Hrsg. Karl August Barack. Tübingen 1869.
Das Mühlengespenst
ebenda
Die Geisterhöhle bei Igelswies
ebenda
Die Geisterkirche
ebenda
Das Wuotesheer und der Nachtwächter
ebenda
Das Wuotesheer bei Saulgau
Anton Birlinger: Volksthümliches aus Schwaben.
Freiburg 1861.
Das silberne Messer
ebenda
Laura auf dem Sitz
ebenda
Der Schatz im Bussen
ebenda
Die Kette um die Kirche
ebenda
Das verwunschene Schloss im Blutsberg
Karl Reiser: Sagen, Gebräuche und Sprichwörter des Allgäus.
1. Band. Kempten 1895.
Der Teufel und der Doktor
ebenda
Die Teufelshand im Stein
Anton Birlinger: Volksthümliches aus Schwaben.
Freiburg 1861.
Das Falkenhofer Weible
ebenda

Der Glockengumpen
ebenda
Die versunkene Burg
ebenda
Der Schmiedgeselle und das Schrättle
ebenda
Der Müllerknecht und das Schrättle
Ernst Meier: Deutsche Sagen, Sitten und Gebräuche aus Schwaben. Stuttgart 1852.
Schrattweis gehen
ebenda
Der Hexenritt
ebenda
Die Hexe von Aulendorf
Anton Birlinger: Aus Schwaben. Sagen, Legenden, Aberglaube. Wiesbaden 1874.
Die Hexe von Stadion
ebenda
Die Hexe zu Obermarchtal
Anton Birlinger: Volksthümliches aus Schwaben. Freiburg 1861.
Der Wassermann in Rötenbach
Rudolf Kapff: Schwäbische Sagen. Jena o. J.
Der Geisterpudel bei der Kißlegger Burg
Karl Reiser: Sagen, Gebräuche und Sprichwörter des Allgäus. 1. Band. Kempten 1895.
Der Schatz im Steinbühl
ebenda
Die Schatzgräber vom Kocherhof
Chronik des Kreises Ravensburg. Hinterzarten 1975.
Der Schatz im Spitalgarten
ebenda
Der wilde Jäger
ebenda
Das Altdorfer Waldweiblein
ebenda
Der bodenlose Weiher
Rudolf Kapff: Schwäbische Sagen. Jena o. J.

Der sprechende Totenkopf
  Zimmer'sche Chronik. Hrsg. Karl August Barack. Tübingen 1869.
Ein altes Weiblein sieht seinen eigenen Geist
  ebenda
Das Kreuzwunder von Altshausen
  Chronik des Kreises Ravensburg. Hinterzarten 1975.
Der Guth-Betha-Brunnen
  ebenda
Der Mundinger Kuckuck
  Württembergische Volksbücher: Lustige Geschichten.
  Stuttgart o. J.
Das Geißtor zu Ulm
  ebenda
Der Ulmer Kuhhirte
  Ernst Meier: Deutche Sagen, Sitten und Gebräuche aus Schwaben.
  Stuttgart 1852.
Die Oberländerin bei König Wilhelm I.
  Württembergische Volksbücher: Lustige Geschichten. Stuttgart o. J.
Mein König
  ebenda
Die Dieterskircher Flegel
  Sixt Bachmann: Sebastian Sailers Schriften im schwäbischen
  Dialekt. Buchau 1819.
Sailer gibt einem Bauern Bescheid
  ebenda
Der Ulmer Spatz
  Württembergische Volksbücher: Lustige Geschichten. Stuttgart o. J.
Der schiefe Turm zu Ulm
  ebenda
Wie der Leutkircher Bürgermeister eine Wette verloren hat
  Zimmer'sche Chronik. Hrsg. Karl August Barack. Tübingen 1869.
Ein Meßkircher Schalk
  ebenda
Ein Osterspaß
  ebenda
Der Wurzacher Krebs
  Württembergische Volksbücher: Lustige Geschichten. Stuttgart o. J.

Bestrafte Neugierde
ebenda
Abschied von Lug und Trug
nach mündlicher Erzählung
Von Diebesohren
Ludwig Aurbacher: Ein Volksbüchlein. Leipzig o. J.
Namensverwechslung
ebenda
Der Dorfbarbier
ebenda
Munding – der oberschwäbische Eulenspiegel
Chronik des Kreises Ravensburg. Hinterzarten 1975.
Der verlorene Mund
ebenda
Wie Munding sich seiner Zechschulden entledigte
ebenda
Die Wallfahrt auf Erbsen
ebenda
Der Fridolin von Kißlegg
ebenda
Fridolin und der Hagenschwanz
ebenda
Die lange Zunge
nach mündlicher Erzählung
Das Missverständnis
nach mündlicher Erzählung
Der Scheider und die Sündflut
Ernst Meier: Deutsche Volksmärchen aus Schwaben. Stuttgart 1852.
Der Tag der heiligen Einfalt
Ludwig Aurbacher: Ein Volksbüchlein. Leipzig o. J.

Bildquellen

Seite 2: Ein getreues Herze wissen, Holzschnitt von Ludwig Richter, 1855.

Seite 10: Altes Mütterchen am Stock, Holzschnitt von Ludwig Richter, 1860.

Seite 14: Der Storch, Holzschnitt von Ludwig Richter, 1851.

Seite 16: Der Schweinehirt küsst die Prinzessin, Holzschnitt von Ludwig Richter, 1851.

Seite 21: Das verzauberte Schloss, Holzschnitt von Ludwig Richter, 1842.

Seite 25: Franz und der Wirt, Holzschnitt von Ludwig Richter, 1852.

Seite 31: Die Mühle unter Bäumen, Holzschnitt von Ludwig Richter, 1852.

Seite 35: Der geschorene Franz schert den Spukgeist, Holzschnitt von Ludwig Richter, 1842.

Seite 37: Des Schöffen Sohn mit den Händen in den Hosentaschen und der Pfeife im Mund, Holzschnitt von Ludwig Richter, 1852.

Seite 42: Aus Die deutschen Volksbücher, wiedererzählt von Gustav Schwab. München o. J.

Seite 44: Der Himmelsschlüssel, Holzschnitt von Ludwig Richter, 1850.

Seite 51: Aus Die deutschen Volksbücher, wiedererzählt von Gustav Schwab. München o. J.

Seite 55: ebenda

Seite 61: Der Königssohn auf dem Weg zum Schloss, Holzschnitt von Ludwig Richter, 1862.

Seite 72: Aus Die deutschen Volksbücher, wiedererzählt von Gustav Schwab. München o. J.

Seite 77: Bussen und Donautal. Zeichnung von August Seyffer, 1816.

Seite 79: Prospekt von Kloster Buchau auf dem Deckenfresko von Andreas Brugger, 1775. Aus Max Schefold: Alte Ansichten aus Württemberg. Stuttgart 1956.

Seite 81: Konradins Abschied, Holzschnitt von Ludwig Richter, 1840.

Seite 155: Jägers Abendlied, Holzschnitt von Ludwig Richter, 1856.

Seite 157: Karte des Altdorfer Waldes, 1589. Aus: Schurke oder Held? Historische Räuber und Räuberbanden. Herausgegeben von Harald Siebenmorgen. Sigmaringen 1995. Original im Fürstlich und Gräflich Fuggerschen Familien- und Stiftungs-Archiv, Dillingen.

Seite 165: Der Schleicher, Mütze und Stock in der Hand, Pfeife in der Schoßtasche, Holzschnitt von Ludwig Richter, 1856.

Seite 169: Sebastian Sailer, zeitgenössischer Kupferstich.

Seite 175: Die zwei Ferkelstecher mit Mütze und Hut, Holzschnitt von Ludwig Richter, 1849.

Seite 180: Aus Die deutschen Volksbücher, wiedererzählt von Gustav Schwab. München o. J.

Seite 181: Der Pächter am Fenster, Holzschnitt von Ludwig Richter, 1853.

Seite 182: Der Pferdehandel, Holzschnitt von Ludwig Richter, 1841.

Seite 185: Grad' aus dem Wirtshaus, Holzschnitt von Ludwig Richter, 1844.

Seite 189: Aus Die deutschen Volksbücher, wiedererzählt von Gustav Schwab. München o. J.

Seite 190: Betrunkene taumeln aus der Branntweinschenke, Holzschnitt von Ludwig Richter, 1853.

Seite 193: Johann Meckerling, Schneidermeister, Holzschnitt von Ludwig Richter, 1853.

Seite 195: Edelmann schaut aus dem Fenster, Holzschnitt von Ludwig Richter, 1853.

Seite 196: Junges Mädchen, allein bei der Lampe sitzend, Holzschnitt von Ludwig Richter, 1853.

Sagenhaft